멘 탈

트 레 이 닝

멘탈 트레이닝

개정2판 1쇄 발행   2022년 10월 15일
개정판 5쇄 발행   2020년 11월 1일
개정판 1쇄 발행   2017년 3월 1일
초 판 1쇄 발행   2015년 5월 6일

지은이 김시현
펴낸이 배충현
펴낸곳 갈라북스
출판등록 2011년 9월 19일(제2015-000098호)
주소 경기도 고양시 덕양구 중앙로 542, 707호(행신동)
전화 (031)970-9102   **팩스** (031)970-9103
블로그 blog.naver.galabooks
페이스북 www.facebook.com/bookgala
이메일 galabooks@naver.com

ISBN 979-11-86518-60-1 (03120)

MENTAL
TRAINING

잠자기 전 15분, 긍정 에너지 셀프 충전법

멘탈

트 레 이 닝

갈라북스

멘탈 트레이닝의 힘

우리는 흔히 '멘붕(멘탈 붕괴)'이나 '멘탈이 약하다', '골프나 야구는 대표적인 멘탈 스포츠'라는 말을 즐겨 사용한다. 하나 같이 멘탈의 중요성에 대해 표현한 말이지만 정작 그것이 무엇이며, 우리 인생에 어떤 영향을 주는지에 대해서는 잘 모르고 살아간다. 과연 멘탈이란 무엇일까?

멘탈은 가장 예민하고 섬세한 정신세계다. 그런데 인간이 겉으로 보이는 모습, 즉 겉모습은 멘탈이 표현된 것에 불과하다. 그래서 무엇이 멘탈을 작용하게 하는지 알아야 한다. 인간의 내면에는 자신도 들여다보지 못한 세계가 있다. 그것이 바로 인간의 진짜 모습이다. 따라서 자신을 바꾸고 싶다면 멘탈을 바꿔야 한다. 인생의 성패를 가르는 요인 중에 멘탈이 차지하는 비중은 70% 이상이라고 한다. 멘탈에 있어서 강자와 약자의 차이는 같은 문제를 보고도 다른 인식을 한다는 점이다. 멘탈은 운명을 창조하는 것이다. 또한 멘탈은 없어지지 않고, 전염성이 강하며 회복력도 빠르다. 이것을 제거한다는 것은 어떤 힘으로도, 어떤 수단과 방법을 쓰더라도 불가능한 일이다.

타이거 우즈, 애니카 소렌스탐, 김연아, 손연재, 한국 양궁 국가 대표팀 등 세계 정상급 스포츠 스타들이 왜 그렇게 멘탈 트레이닝에 집착하는지 이유를 생각해보자. 유명한 골프 선수들은 멘탈 코치를 따로 두고 훈련의 전 과정에 그 코치의 조언을 받는다. 프로야구 본고장 미국 메이저리그의 구단들은 전담 멘탈 트레이너가 있으며 선수들의 멘탈을 세심하게 관찰한다. 특별한 성과를 위해서는 그에 걸맞는 차원이 다른 수준의 멘탈이 필요하다. 탁월한 성취는 곧 탁월한 멘탈의 부

무의식이란

마음속에 의식이 아닌 영역이나 의식이 없는 상태를 의미한다. 프로이트에 따르면 인간의 정신에는 인식되고, 각성되고 들여다 볼 수 있는 의식과 겉으로 드러나지 않는 무의식이 있다. 인간은 살면서 대부분의 기억이 항상 재생되지 않고 대뇌의 저장 공간속에서 존재한다. 사람의 일생에 있어서 방대한 모든 기억은 사라지지 않고 대뇌에 저장되어 있는데 평소에는 기억나지 않는 이름이나 어린 시절의 기억이 꿈으로 나타나기도 한다. 최면상태나 잠재의식은 무의식과는 다른 개념이다. 의식할 수 없는 심적 현상을 가르켜 무의식이라고 하며, 자신의 행위에 대해 눈치채지 못하거나 자각이 없는 상태를 무의식이라 일컫는다. 프로이트는 "무의식은 완고하고 융통성이 없지만 일상생활의 행동에는 중요한 영향을 미친다"고 한다. 정신생활의 기저(基底)를 형성한다.

산물이다. 육체적인 노력은 부차적인 것이다.

멘탈 트레이닝은 골프선수나 야구선수와 같은 사람들만 받는 특별한 훈련은 아니다. 멘탈은 기술과 같이 훈련하면 훈련할수록 더 나아질 수 있는 영역이다. 멘탈 훈련은 인생 전반에 걸쳐 모든 사람에게 반드시 필요하다. 예컨대 멘탈의 강자들은 다른 사람들보다 먼저 미래를 만들어냈다. 그들의 미래예측은 확률상의 수치나 통계가 아닌, 자신이 미래를 스스로 만들어 낼 수 있다는 강한 믿음이었다.

멘탈이 강한 사람들에게는 공통점이 있다. 그들은 매혹적이다. 그들에게서 느끼는 매력은 외모가 아닌 멘탈의 파워에서 나오는 것이다. 그 누구도 생각지 못한 수준의 멘탈을 가진 사람은 거부할 수 없는 매력을 가지고 있다. 스티브 잡스를 보라. 20년 앞을 내다본 그의 멘탈에서 사람들을 무엇을 느끼는가. 반쯤 벗겨진 머리에 뿔테 안경, 청바지에 검은 터틀넥 차림이었지만 우리는 그에게 강력한 카리스마를 느꼈다. 세상은 그를 추종했고, 그는 세상의 변화를 이끌었다. 매력

현재의식(표면의식)이란

현재 의식은 스스로 자각하고 있는 상태를 말한다. 현재 느끼고 있는 직접적이고 주관적 체험을 현재의식이라 일컫는다. 보는 것, 생각하는 것, 감정을 느끼는 것을 자각하고 있는 상태이며, 잠재의식에 의해 영향을 받는다. 표면적으로 드러나 있는 감각이나 현재 인식하고 있는 정신작용을 뜻한다.

적인 사람이 되려면 무엇보다도 강한 멘탈이 필요하다. 멘탈은 약한데 외모만 뛰어난 미인이나 미남을 보라. 3일이면 질릴 것이다.

　멘탈을 바꾸려면 무엇부터 해야 할까? 우선 자신의 무의식의 밑바닥, 정신과 영혼의 정체부터 알아야한다. 타인과 단절된 침묵 속에서, 자기 자신을 가만히 들여다 보아야한다. 아주 자세히 보려고 노력하면 보일 것이다. 진짜 내면에 자리 잡은, 마음 속 깊숙한 곳에 웅크리고 있는 자신을 꺼내어 보라. 온전하게 당신 자신을 만나야 당신 자신의 삶을 살 수가 있다. 그러면 멘탈을 컨트롤할 수 있는 사람이 된다. 멘탈을 조종할 수만 있다면 행동은 저절로 밖으로 드러나게 된다.

　시간이 멈추지 않고 흘러가듯 인간도 항상 변하는 존재다. 사람으로 태어난 이상 시간의 흐름을 멈추게 하지 못한다. 아이는 청년이 되고, 청년은 노인이 된다. 시간이 흘러감에 따라 사람은 끝없이 변하게 된다. 이미 어제의 나는 내가 아닐지도 모른다. 하지만 어떤 방향으로 변해 가는지는 그 사람의 멘탈 수준에 의해 결정된다. 멘탈에 아낌없는 투자를 하는 습관을 가진 사람의 미래는 어떻게 될까? 멘탈을 바꿀 수만 있다면 현실 세계에서 일어나는 일을 마음먹은 대로 실현할 수 있다. 사람들이 참고, 인내하고, 하기 싫은 일을 억지로 하는 자신을 보며 스스로를 제어할 수 있다고 착각하는데, 멘탈을 조정할 수 없다면 이것은 단지 참을성과 인내심이 많은 것에 지나지 않는다.

세상에 얼마나 많은 사람들이 자신이 가진 재능을 모르고 사는가? 또한 얼마나 많은 사람들이 재능은 있지만 그것을 꽃피워 보지 못한 채 죽는가? 이 책을 집필한 동기는 이 질문에서부터 시작했다. 재능을 알아내기도 힘들지만 그 재능을 알아도 여러 가지 이유로 인해 썩히게 되고 그저 그런 사람으로 살다가 생을 마감하게 되는 경우는 우리 주변에서 흔하게 목격할 수 있다.

그렇다면 재능은 특별한 사람들에게만 있는 것일까? 그리고 이 재능을 꽃 피운 사람들은 어떤 과정을 거쳐 자신의 재능을 찾아내고 그것을 세상에 쓸 수 있었을까? 결론부터 내리자면 사람이 가지고 있는 능력보다 그 능력을 발견하고 단련할 수 있다고 믿는 강한 멘탈이 성공하는데 훨씬 큰 역할을 한다. 재능만 있다고 성공하는 것은 아니다. 자신의 재능을 좀 더 단련할 수 있다고 생각하는 사람들만이 재능을 꽃피울 수 있다. 멘탈의 힘을 어떻게 사용하느냐에 따라 최고의 삶을 살수도 있고, 최악의 삶을 살수도 있다. 최고와 최악의 차이는 능력의 차이가 아니라 멘탈에 대한 이해와 기술 습득에 관한 것이다.

그렇다면 멘탈을 어떻게 컨트롤할 수 있을까? 멘탈은 얼마든지 훈련 가능한 영역이다. 훈련을 통해 멘탈을 강화한다면 인생 전체를 마음먹은 대로 조정할 수 있다. 하지만 멘탈을 트레이닝 하기 위해서 사람들이 흔히 생각하는 극기 훈련이나 군대 생활 체험과 같은 자기 학대는 필

멘탈 트레이닝

요하지 않다. 자기 학대를 하지 않는 것이 멘탈 트레이닝의 핵심이다.

멘탈 트레이닝은 노력하는 것이 아니다. 멘탈 트레이닝의 진정한 의미는 진짜 자신을 찾아가게 하는 것이다. 참 자아를 찾은 사람은 내면이 강하다. 자신이 지구상에서 유일무이한 존재라는 것을 깨달았기 때문이다. 이것 역시 멘탈 트레이닝의 중요한 요소다. '강철' 멘탈을 가진 사람들은 자신이 원하는 것을 세상에 명령하고 원하는 것을 받는다. 하지만 멘탈이 약한 사람들은 강한 멘탈을 가진 사람이 원하는 것을 이뤄 주기 위해 불철주야 노력하고 있다.

당신의 인생은 당신의 멘탈이 만든다. 멘탈은 무한한 가능성을 가지고 있다. 멘탈 트레이닝은 온전히 자신을 위한 투자다. 인생이 꼬일때 시선을 외부나 환경에 돌리지 말고 나의 멘탈을 점검하라.

이 트레이닝을 하기 위해 우리는 무의식의 세계로 여행을 떠나야 한다. 무의식은 꿈으로 나타난다. 따라서 따로 시간을 내어 멘탈 트레이닝을 할 필요는 없다. 단지 우리에게 필요한 것은 '잠자기 전 15분'이다. 이 시간이 무의식으로 가는 골든타임이다. 무의식을 바꿀 수 있다면 의식도 조정할 수 있다. 현실은 지금 당신이 가지고 있는 의식의 반영이다.

따라서 멘탈 트레이닝을 하기 위해서는 무의식을 반영한 꿈의 세계를 활용하면 된다. 잠자는 시간은 휴식시간도 아니고 버려지는 시간도 아니다. 수면시간도 활용할 수 있는 시간이다. 인간이 잠을 자고 있을 때도 뇌는 일을 하고 있다. 그 증거가 우리가 꿈을 꾼다는 것이다. 꿈은 우리가 깨어 있을 때 받아들인 정보를 재생, 편집한다. 그래서 꿈이 기억을 재생하는 '잠자기 15분 전'이 꿈에 나타나는 가장 신선한 재료다. '잠자기 전 15분' 어떤 생각을 갖고 잠이 드는지가 인생 전체를 주관한다.

잠재의식이란

지그문트 프로이트가 정신분석 기법에서 발표한 개념이다. 프로이트는 잠재의식이란 개념을 처음 학문적으로 사용한 학자다.

인간은 본능적으로 사고하고 행동할 때 쾌락을 지향한다는 이론으로 인간의 본능인 쾌락의 욕구를 지성에 의해 내면 깊숙이 감추지만 쾌락은 인간의 본능적인 욕구이기에 인간이 의식하지 못하는 사이 행동과 사고를 지배한다. 이 행동과 사고를 지배하는 쾌락의 욕구가 무의식에 누적되면서 현실에도 그 욕구가 반영된다. 잠재의식의 근간을 이루는 것은 인간의 감정으로 대뇌피질 연합야에 쾌감계라는 신경을 연속적으로 자극하면 본능적인 쾌락뿐만 아니라 한층 성숙한 인간만이 느낄 수 있는 정신적 쾌락을 느낄 수 있다. 이 쾌감계를 계속 자극하면 모르핀과 흡사한 물질이 대량으로 분비된다.

잠재의식은 현재의식보다 강하고, 시간 개념이 없어 현재인지 미래인지 자각하지 못하는 특징이 있다. 인간이 잠든 동안에도 계속 활동하며 모든 것을 기억하고 정보를 처리하지만, 한편으로는 단순하고, 현실과 상상을 구분하지 못한다. 또한 참과 거짓을 판단하지 못하며 현재의식이 생각하는 대로 정보를 받아들인다. 잠재의식의 특

오늘 당신은 멘탈에 어떤 메시지를 보내고 있는가.

이제까지의 인생은 어떤 멘탈의 결과일까.

지금, 당신의 내면 깊숙한 곳의 멘탈을 만나고 그 멘탈을 훈련할 시간이다.

잠자기 전 15분을 지배하라.

징은 어떤 정보나 메시지를 반복적으로 노출하면 그것을 순수하게 받아들여 현재의식에 전송하여, 그 받아들인 정보를 잠재의식에 각인하게 된다. 그래서 잠재의식은 최면치료에 사용되기도 한다.

한편, 잠재의식과 현재의식은 빙산으로 비유할 수 있는데 물속에 잠겨져 있는 커다른 부분이 잠재의식에 해당된다. 빙산의 수면위로 나온 것이 현재의식이다. 물속의 광대한 부분이 잠재의식에 해당된다. 인간은 의식에 따라 행동하고 생각하고 있는 것 같지만 실제로는 마음의 대부분을 차지하는 잠재의식이 행동과 사고를 지배한다. 습관화된 일상의 행동들을 관찰해보면 쉽게 알 수 있는데 넥타이를 맬 줄 아는 사람은 의식하고 있지 않아도 자연스럽게 넥타이를 매지만 넥타이를 매는 방법을 모르는 사람은 의식적으로 넥타이를 매려고 해도 방법을 모르니 맬 수가 없다. 잠재의식이 넥타이를 매는 방법을 기억하고 있기 때문에 음악을 듣거나 TV를 보면서도 의식하지 않고 자연스럽게 맬 수 있는 것이다. 또한 잠재의식은 미래를 내다보는 힘을 가지고 있는데 미래란 과거와 현재의 결과물이기 때문이다. 잠재의식에 기억된 과거나 현재의 정보는 미래의 방향을 형성한다. 잠재의식은 과거와 현재와 미래의 기억을 저장하는 거대한 데이터 베이스이며 생체의 기능을 컨트롤하는 역할을 담당한다.

 MENTAL TRAINING

왜
멘탈
트레이닝인가

:

PART

1

더 이상 멘탈 '을'로
남지 말자

세상이 갈수록 삭막해지고 있다. 우리는 여기저기서 들려오는 어이없는 대형재난 사고에도 개인을 지켜줄 것이 아무것도 없다는 불안감, 대학을 졸업해서 가까스로 취업했지만 언제 구조조정을 당할지 모르는 불안감, 모아놓은 돈 하나 없는데 결혼은 할 수 있을까 하는 불안감, 전세 값 폭등에 따른 주거 불안감, 나 말고 다들 잘 살고 있다는 불안감 등 끊임없는 불안에 노출되어 있다. 하지만 불안해도 어쩔 수가 없다. 그래도 취업을 해서 직장을 다니고 집도 구해야 한다. 이 사회의 '을'이니까. 사회적 환경이 '을'이다 보니 멘탈까지 '을'이 돼버리는 것이다.

문제는 멘탈 '을'에 그치면 그나마 다행이라는 점이다. 멘탈 '붕괴'

는 아니니까. 하지만 멘탈 붕괴의 징후는 이미 우리 사회의 곳곳에 나타나고 있다. 우울증, 자살율, 이혼율, 흡연율 등은 이미 OECD 국가 중 최고 수준이다. 그러면 우리는 이런 암울한 사회 현상만을 탓하며 스스로 멘탈 '을'로 남을 것인가? 소리 한번 못 질러보고, 내 꿈 한번 제대로 펼쳐보지 못한 인생을 숙명으로 받아들이고 살아야 하는 것일까? 언제까지 '갑'들의 횡포에 손해 보고, 무시당하면서 '유리' 멘탈, '휴지' 멘탈로 긴 인생을 이어가야 하는 것일까? 아니다. 더 이상은 '을'로 살아가면 안 된다.

새벌가에서 태어난 것도 아니고, 부모님이 부동산 부자도 아니지만, 멘탈 만큼은 갑이 될 수 있다. 그러면 멘탈 '갑'이 되려면 어떻게 해야 할까? 늘 멘탈 '을'에 익숙한 사람도 과연 멘탈 '갑'으로 거듭날 수 있을까? 결론부터 말하자면 가능하다. 멘탈은 기술처럼 훈련이 가능한 영역이다. 멘탈을 강화해서 뛰어난 성취를 이룬 사례는 수도 없이 많다. 다만, 그 비용이 엄청나고 일반화되지 않았다. 예컨대 스포츠 스타들이나 정·재계 인사들의 심리와 내면을 돌보는 전문 멘탈 트레이너들은 적게는 수 천만 원, 많게는 수 억 원의 수입을 얻고 있다.

그럼 과연 멘탈 트레이닝의 실체는 무엇일까? 멘탈도 정말 훈련이 가능한 영역일까? 이제부터 평범한 멘탈 '을'을 멘탑 '갑'으로 거듭나게 하는 '멘탈 트레이닝'의 실체를 알아보도록 하자.

무한한
멘탈의 세계

멘탈은 인간의 내면, 즉 정신과 마음의 상태, 심리적 상황을 뜻하는 형용사다. 우리의 몸은 유전자보다 멘탈에 훨씬 많은 영향을 받는다. 동일한 부모와 똑같은 환경에서 자라나도 형은 범죄자가 되고 동생은 유능한 변호사가 되기도 한다. 멘탈의 힘을 어떻게 사용했느냐에 따라서 이런 차이가 생기는 것이다.

제 1의 탄생은 신체의 탄생이요, 제 2의 탄생은 정신의 탄생이다.   － 루소 －

에이브러험 링컨의 아버지는 미국 켄터키 주에서 가장 가난한 사람 중 하나였고, 무학이었고, 날품팔이였다. 이러한 환경적 영향만 받았다면 링컨 또한 가난하고, 날품팔이로 살았을 것이다. 하지만

멘탈 트레이닝

링컨은 이러한 환경에서 벗어났다. 이것이 바로 멘탈의 힘이다. 물리적인 환경을 뛰어넘을 수 있는 것은 오직 강한 멘탈이다.

혹자는 멘탈의 힘을 사용해 본 적이 없다고 생각할지도 모르겠다. 하지만 이것은 사실이 아니다. 우리는 실생활에서 대부분 멘탈의 힘을 이용하고 있다. 예컨대 마음에 드는 이성과 데이트를 한다고 가정해보자. 당신은 그 이성의 마음에 들기 위해 온갖 신경을 다 쓰고 외출을 할 것이다. 그리고 근사한 데이트 장소도 미리 조사해 두었을 것이다.

멋지고 음식 맛까지 훌륭한 데이트 장소에 가고 싶은 까닭은 상대방으로 하여금 나와 함께 있는 시간을 행복하고, 즐겁고, 맛있는 음식까지 함께 한다는 것을 각인시키고 싶어 하기 때문이다. 즉, 나와 만나게 되면 즐겁고 행복한 경험을 앞으로도 하게 될 것이라는 일종의 암시다. 나와의 미래를 기대하게 하는 것이다.

이것이 바로 의도된 멘탈 주입의 효과다. 사람들은 좋아하는 사람과 함께 하고 싶으면 자신에 대한 긍정적인 이미지를 상대방에게 주입하려고 한다. 이것이 성공하게 되면 상대방은 나에 대한 좋은 이미지가 각인된다. 바로 멘탈의 힘이다.

첫인상이 강렬한 이유도 마찬가지다. 면접을 볼 때나 상견례 자리 같은 한 사람의 인식을 결정짓는 중요한 자리에 나쁜 인상을 남기고 싶어 하는 사람은 없다. 타인에 대한 인식은 그대로 무의식이 된다. 한번 저장된 무의식을 바꾸기는 여간해서는 쉽지 않기 때문이다. 그래서 첫인상이 중요한 자리에서 상대방에게 긍정적인 이미지를 각인하려고 노력하는 것이다. 즉, 의도된 긍정적인 이미지를 창출해서 그것에 대해 반응하도록 하는 것이 바로 멘탈 주입의 효과다. 상대방을 좋아하는 나의 마음이 긍정적인 이미지를 갖게 하고 이것이 상대방의 마음에 전해지게 되는 것이다.

그러면 멘탈 주입의 효과를 스스로에게 시험해보는 것은 가능할까? 이성의 마음에 들도록 긍정적인 이미지를 만들었던 것처럼 나에 대해서 긍정적인 이미지를 주입해보자. 나에게 좋은 말을 해주고, 나에게 멋진 장소에 가게 해주고, 나의 현재에 대해 축복을 빌어주고, 나의 장점을 칭찬하고, 나에게 맛있는 것을 먹여주자.

이 실험을 습관처럼 꾸준하게 계속해서 해준다면 '나'에 대한 이미지가 어떻게 변하게 될까? 나는 누구보다 소중한 사람이며, 가치가 있고, 좋은 것을 보며, 좋은 생각을 하며, 맛있는 것을 먹고, 장점이 많고, 능력이 있는 사람이라는 생각이 무의식에 주입될 것이다.

이것이 바로 멘탈의 가능성이며, 멘탈의 힘이다. 우리가 스스로에게 어떤 멘탈을 주입할 것인지는 전적으로 개인의 선택이다. 멘탈의 힘은 한계가 없고 범위를 지정하지 않는다. 또한 멘탈의 힘은 누구나 사용할 수 있다. 멘탈의 무한한 가능성을 항상 열어두고 그 범위를 제한하지 말자. 멘탈의 무한한 가능성과 범위를 지정하는 것은 한 사람의 인생의 가능성을 제한하는 것이다.

이탈리아 르네상스 시대의 천재적 미술가 미켈란젤로는 어느 날 평범한 돌덩어리에서 다비드의 이미지를 발견했다. 그는 망치를 들고 대리석에서 다비드의 이미지를 드러내기 위해 필요없는 부분을 다듬고 깍아 내 불멸의 예술작품인 다비드상을 완성했다. 미켈란젤로가 평범한 돌덩이에서 '다비드'라는 이상적인 이미지를 끌어냈듯이 자기 자신을 이상적으로 여기고 최선의 것을 이끌어내고자 한다면 긍정적인 효과는 현실로 드러나게 된다. 사람은 누구나 보석이 될 수 있다. 다만 보석이라는 사실을 모를 뿐이다.

사람에게 진정한 적은 가슴 속에 존재하는 적뿐이다.   — 세네카 —

나 자신부터
사랑하자

나는 좀 부족해.

나는 아직 준비가 덜 되어 있어.

나는 그것을 하기에는 머리가 안 좋아.

나는 능력이 없어.

나는 모자라.

내가 항상 그렇지 뭘.

낮은 자존감은 모든 고통의 원인이다. 낮은 자존감의 기저에는 항상 약한 멘탈이 존재한다. 또한 그들은 자신을 사랑하지 않는다. 자신을 사랑하지 않는데, 어떻게 남이 자신을 사랑하겠는가. 스스로 소중하게 대하지 않는데, 어떻게 남이 자신을 소중히 대해주길 바라

멘탈 트레이닝

겠는가.

　필자 주변에 항상 의기소침해 있고 우울증에 시달리다 보니 자신을 건강하지 않다고 여기는 사람이 있었다. 그는 때때로 아르바이트를 했지만 스스로 건강하지 않다고 생각했기에 항상 체력적으로 힘이 들었다. 그래서 건강 핑계를 대고 아르바이트도 하루 이틀 빠지는 날이 많아졌다. 그 이후로 많은 아르바이트를 전전했지만 "힘이 든다, 아프다, 힘들다, 상사가 짜증나게 한다, 이상한 사람들이 많다"라는 말을 입에 달고 살았다. 그는 항상 불필요한 것에 소중한 멘탈을 낭비해왔다.

　이처럼 약한 멘탈을 가진 사람은 암울한 현실에 직면하게 되고 강한 멘탈을 가진 사람에게 이끌려 다니게 된다. 하지만 여러분들은 이 책을 통해 강한 멘탈을 갖는 것이 그리 어려운 일이 아니라는 것을 알게 될 것이다. 멘탈을 강화하는 것은 마치 숨 쉬듯 편안하고 자연스러운 일이다. 이렇듯 쉬운 멘탈 트레이닝을 하지 않아 멘탈의 강자에게 끌려다니는 삶을 이제 끝내보자.

　부정적인 사고는 의심과 불안, 초조함을 불러들인다. 불안과 초조함은 표정에도 금방 드러나게 되어있다. 표정과 눈빛에도 멘탈이 어떤 상태인지 바로 알게 되는 법이다. 이런 표정과 눈빛을 한 사람을 그 누가 좋아하고, 호감을 갖겠는가.

과거의 결핍이 강한 멘탈을 가로 막는다

필자는 그간 여러 계층과 연령대를 상대로 멘탈 트레이닝을 시도한 경험이 있다. 실험 결과, 멘탈 트레이닝이 가장 힘든 연령은 초등학생과 중장년층이었다. 초등학생은 나이가 어려서 새로운 사고방식을 유연하게 잘 받아들일 것 같았지만 결과는 그렇지 않았다. 반면 나이가 많은 사람들은 고정관념이 이미 깊숙이 자리 잡힌 상태라서 새로운 관점으로 자신과 세상을 바라보는 것을 힘겨워했다.

초등학생의 경우 기본적으로 멘탈이 말랑말랑한 상태다. 아이는 자신이 어떤 사람인지 잘 모른다. 그렇기 때문에 어떤 사고와 생각이라도 받아들일 수가 있다. 여기서 중요한 것은 가정환경과 학교다. 일주일에 두세 번 멘탈 트레이닝을 한다고 해도 집에 가서 부모님들과 생활하고 학교에서 친구들과 어울리다 보면 말짱 도루묵이 된 경우가 많았다. 아이들의 교육은 일관성이 중요한데 초등학교에 들어갈 나이가 되면 부모님과 또래 집단의 영향을 크게 받았다.

필자가 가르친 아이 중에 초등학교 3학년 여자아이가 있었다. 하나를 가르치면 열을 아는 영특한 아이였다. 이에 필자는 아이의 공책 표지에 '천재 ○○○'이라고 쓰라고 했다. 아이에게는 자성예언의 힘이 가장 중요하기 때문이다. 하지만 이 아이는 끝내 자신의 이름 앞에 천재를 붙이지 않았다. 이유는 자신은 천재가 아니고 천재가 될 수 없다고 생각했기 때문이다. 이 아이의 집안은 다문화 가정이었고 부모님은 생업으로 바빴기에 아이의 잠재력이나 정신력을 적절하게 돌봐줄 수 없었다. 이처럼 열 살짜리 아이도 이미 사회의 고정관념에 자신을 맞추고 있었다. 아이에게 멘탈 트레이닝을 시도하려면 사회성이 발달하기 전이 적기이다.

중학생이나 고등학생 같은 경우 '입시'라는 지상과제 때문에 성적에 대한 욕구가 큰 시기다. 즉, 친구들보다 1점이라도 점수를 더 잘 받고 싶어 하는 욕구가 크기 때문에 멘탈 트레이닝을 쉽게 받아들이고 효과도 크다.

어릴 적 어머니가 가출하고 아버지의 손에 자라온 중학생 여자아이가 있었다. 아버지는 계속 새엄마를 집에 들였지만 얼마 안가고 자꾸 도망을 가서 새엄마만 서너 명을 거쳐 온 아이였다. 이 아이의 마음은 아버지에 대한 원망과 자신을 버리고 간 생모에 대한 분노로 가득 차 있었다.

필자는 이 아이가 부모에 대한 분노를 누그러 트리지 않으면 청소년기를 평탄하게 보낼 수 없다고 판단했다. 그래서 부모에 대한 관점을 바꿔주기로 했다. 부모가 자식을 선택해서 태어나는 것이 아니라 자식이 부모를 선택해서 태어나는 거라고. 그러니까 자신의 선택에 대해서 원망하지 말아야 한다고 했다. 필자에게서 자신이 부모를 선택해서 태어났다는 말을 들은 후 아이는 놀라워했다. 결손가정에서 태어나서 모든 잘못을 부모 탓으로 돌리던 아이가 자신이 부모를 선택한 것에 대해서 후회하지 않는다고 했다. 이제껏 부모를 잘 못 만나 고생하고 있었다고 생각했는데 갑자기 부모가 불쌍하다는 생각이 들었다고 하면서 표정이 밝아졌다.

그 후로 그 아이의 부모에 대한 분노는 잦아들었으며 부모님의 입장을 헤아리려고 하더니 파티쉐가 되는 꿈이 생겼다며 밝고 적극적인 성격이 됐다. 그렇게 원망했던 부모와의 관계가 자신의 선택에 의한 결과였다고 하니 그 선택에 대해서 스스로가 책임감을 느끼고 있었다. 부모와 자신에 대한 관점이 바뀌면서 아이는 놀랍게 멘탈의 초점을 다른 곳으로 맞추게 됐다.

멘탈 트레이닝을 가장 열심히 하는 연령대는 20~30대다. 자기계발 욕구가 강하고 진정한 자아를 찾고 싶어 하는 소망이 가장 큰 시기이기 때문이다. 두 아이의 엄마인 30대 주부가 있었다. 그녀는 뒤늦게 공부를 하고 싶어 했다. 자신의 교육에 관심이 없었던 어머니에 대한 콤플렉스가 공부에 대한 욕구로 나타난 것이다. 하지만 공부를 하고 싶어도 자신이 공부를 못한다는 관념에 사로잡힌 상태였기 때문에 공부를 시작해도 될지 망설이고 있던 차에 필자를 찾아왔다. 그녀는 공부를 하지 못했다는 열패감에 아이들이 다니는 유치원의 다른 엄마들과 교육 관련 이야기를 나누는 것 조차 꺼려했다.

필자는 그녀가 자신감이 가장 필요하다고 판단했다. 이야기를 나눠본 결과 그녀에게 영민하고 명석한 면을 발견했다. 또한 그녀의 배움을 향한 적극적인 태도는 큰 장점이었다. 하지만 그녀 자신은 이것을 인정하려 하지 않았다. 멘탈이 약한 상태의 사람은 자신을 객관적으로 보지 못하고, 있는 그대로의 장점을 인정하지 않으려고 한다. 그녀는 필자가 제안한대로 잠자기 전 15분간 멘탈 트레이닝을 석 달이 넘게 꾸준하게 했다. 석 달 후 그녀의 표정은 자신감으로 가득 찼고, 밝아졌다. 알파벳도 제대로 쓰지 못했던 그녀는 지금 영어 선생님의 꿈을 향해 달려가고 있다.

이렇듯 사람이 가지고 있는 멘탈의 상태는 지금 어떤 존재로 살아가고 있는지 보여주는 척도다. 똑똑한 아이의 멘탈을 성장시켜 주지 못하는 가정 환경과 학교, 부모님에 대한 원망, 공부를 하지 못했던 것에 대한 자격지심 등이 무의식에 오랜 시간에 걸쳐 새겨지면서 약한 멘탈을 생성해 왔던 것이다. 과거의 결핍이 강한 멘탈을 갖지 못하게 가로 막고 있었던 것이다.

약한 멘탈은 영혼을 움츠려 들게 하고 가능성을 차단한다. 약한 멘탈은 결핍으로 억눌린 정신 상태를 말한다. 억눌려 있는 정신 상태는 인생에 있어서 가장 큰 장애물이다. 억눌린 영혼은 가능성을 보지 못하게 하고 기회를 그냥 지나치게 한다. 이러한 멘탈 상태는 의식적으로 표현되며 그 의식은 한 사람의 환경을 만든다. 지금 당신을 둘러싸고 있는 환경에 대해서 곰곰이 생각하는 시간을 갖길 바란다. 지금 당신의 환경은 어떤 의식의 결과로 형성된 것인가.

멘탈은 자석!
사람은 끼리끼리 붙는다

사람들은 왜 자신들과 비슷한 부류들과 뭉쳐 다니며 살아가고 있을까? 첫 번째 이유는 자신과 비슷한 부류의 사람들과 만나야 말이 통하기 때문이다. 이질적인 것들은 처음에는 신기하겠지만 말이 통하지 않아 고생하게 된다. 주변을 한번 둘러보라. 부자는 부자들끼리, 가난한 사람은 가난한 사람들끼리, 관심사가 비슷하고 생각이 비슷한 사람들끼리 붙어 다닌다. 이유가 무엇일까? 바로 멘탈이 자석 역할을 하기 때문이다.

천재가 되려면 천재들의 멘탈을 복제하면 된다. 천재의 사고방식을 의도적으로 의식에 집어넣는 것이 그것이다. 그래서 천재는 홀로 나타나지 않는다. 멘탈은 전염성이 강하기 때문이다. 천재는 떼로

몰려다닌다. 르네상스 시대의 피렌체에 그토록 많은 천재들, 예컨대

　단테 알리기에리 1265~1321 ,

　필리포 브루넬레스키 1377~1446 ,

　산드로 보티첼리 1445~1510 ,

　레오나르도 다빈치 1452~1519 ,

　미켈란젤로 부오나루티 1475~1564 ,

　라파엘로 산치오 1483 ~1520

등이 비슷한 시대에 태어난 것이 좋은 사례다. 역사상 위대한 천재 예술가들이 같은 시대에, 같은 도시에 존재했다는 것이 믿어지는가? 당시 피렌체의 인구는 약 3만 명에 불과했다고 한다.

　뿐만 아니라 음악의 아버지인 바흐 1685~1750 와 음악의 어머니라 불리는 헨델 1685~1759 도 독일에서 같은 해에 태어났다. 음악의 천재 모짜르트 1756~1791 와 베토벤 1770~1827 도 동시대에 음악활동을 했다.

　멘탈은 자석이다. 가난은 가난을 끌어오고 부는 부를 몰고 온다. 한 달 내내 동네 식당에서 백반을 먹은 것과 딱 한번이지만 최고급 호텔에서 식사를 한 것 중 어떤 경험이 기억에 남겠는가? 금액으로 따지자면 한 달 내내 먹은 백반 가격이 더 나갈 텐데 말이다. 사람은 자신을 규정하는 순간 거기서 멈춘다. 자신을 가난으로 형상화하면 가난에서 헤어 나오지 못할 것이고 자신의 이미지를 부로 형상화하

면 부유해질 것이다.

　멘탈은 최고를 원하는 사람에게는 최고를 갖게 하고 적당한 깃에 만족하며 사는 사람은 적당한 인생을 살게 한다. 이것이 바로 멘탈 창조의 법칙이다. 최고에 포커스를 맞추고 최고에 집중하는 것 자체가 최고를 창조하는 근원이다.

　다음날 중요한 스케줄이 있어 새벽에 일어나야 하는 경우, 보통 그 전날 긴장을 하고 잠자리에 들게 된다. 특히, 아침 5시에 일어나야 한다는 의식을 주입하게 되면 신기하게도 아침 5시쯤에 일어나게 된다. 이것이 바로 멘탈의 자석 효과이다.

　현대인에게 만성화 되어있는 것이 바로 질병, 특히 암에 대한 공포가 대표적이다. 어떤 남자는 암이 두렵고 무서워 6개월마다 건강검진을 받고 있었다. 그 남자의 잠재의식 속에는 암에 대한 공포와 불안감이 자리잡고 있었다. 그러던 어느날, 그 남자는 건강검진을 받으러 병원에 가는 길에 교통사고로 죽었다. 안타깝게도 이 이야기는 실화다. 이렇듯 공포와 불안은 공포와 불안에게 자석처럼 붙어 현실로 공포와 불안을 끌어오게 한다.

　<u>인생을 살다보면 누군가 자기 앞길을 막고 있는 것 같지만 사실 앞길을 막고 있는 것은 다름 아닌 자신의 멘탈이다.</u>

　엄한 아버지 밑에서 자란 탓에 암울한 어른이 되었다고 말하지는 말자. 그런 사고방식이야말로 멘탈을 약화시킨다. 자신의 멘탈을 컨

트롤할 수 있는 사람은 오직 자신뿐이라는 것을 확신해야 한다. 과거를 바꿀 수는 없지만 현재는 바꿀 수 있다. 개인의 힘으로 당장 세상을 바꿀 수는 없지만 지금 바로 자신의 멘탈을 바꿀 수는 있다. 마음과 정신의 힘은 언제든지 꺼내어 활용할 수 있는 내면의 자원이다.

직장에서 흡연하는 사람은 애연가들끼리, 신입사원은 신입사원들끼리, 여사원은 여자사원들끼리, 술꾼은 술꾼들끼리 모인다. 사람들은 끼리끼리 어울리게 된다. 그래서 부정적인 사람들 옆에는 부정적인 사람들로 가득하다. 부정적인 사람들은 이미 수 년, 혹은 수십 년에 걸쳐서 부정적인 사람들과 교제했기 때문에 그들의 영향력에서 벗어나지 못한다. 또한 자신도 부정적인 사람들에게 받은 부정적인 에너지를 퍼트리고 다닌다. 부정적인 에너지를 발산하는 사람 곁에 긍정적인 사람이 다가가기는 힘들다. 부정적인 사람들과 어울린다는 것은 곧 부정적인 악순환에 빠지게 되기 때문이다.

자신이 가진 멘탈의 수준은 비슷한 수준의 멘탈을 가진 사람을 끌어당긴다. 자신의 멘탈을 좀 더 좋은 방향으로 향상시키고자 하는 의지가 있다면 자신과 차원이 다른 멘탈을 가진 사람과의 만남을 의식적으로 가져야 한다. 직접 만나는 것이 가장 좋지만 여의치 않을 때는 독서를 하는 방법이 효과적이다. 책에서는 동서고금의 멘탈 강자들을 항상 만날 수 있기 때문이다.

윈스턴 처칠은 이런 말을 했다. "책을 볼 시간이 없으면 그것을 만지기라도 해라." 이 말의 뜻은 무엇일까? 책을 펼쳐볼 시간도 없는 사람에게 책을 만지는 것이 무슨 의미가 있을까? 바로 책에는 책을 쓴 저자들의 에너지가 있기 때문이다. 책의 저자들은 대개 멘탈의 강자들이다. 이들의 멘탈을 그대로 옮겨 놓은 것이 바로 책이다. 윈스턴 처칠은 바로 책을 만지는 행위가 멘탈 강자들의 에너지에 접속하는 자석으로 활용하라는 뜻이 아니었을까?

지금과는 다른 인생을 살고 싶다면 평범한 멘탈 수준의 범주에서 적극적으로 벗어나야 한다. 평범의 범주에서 무조건 뛰쳐나와라. 멘탈의 자석을 좋은 것을 끌어당기는 도구로 활용하라.

인간은 자신이 가고자 하는 곳에 속해 있다.   – 폰 브라운 –

당신은 모든 면에서 다른 사람들이 끌어당기고 싶은 멘탈의 소유자인가? 아니면 가까이 하고 싶지 않고 떠올리기조차 꺼려지는 대상인가?

삶을 통제하는 것은 멘탈을 통제하는 것

필자는 운전면허를 10년 전에 취득했다. 필기시험은 한 번에 붙었지만 실기는 네 번, 도로주행은 다섯 번 만에 합격했다. 운전면허 전문학원에서 실기와 도로주행을 한 것이 아니기에 옆에 강사가 아닌 경찰관을 태우고 실기와 도로주행 시험을 보았다. 당시 옆에 탄 경찰관의 태도는 위압적이었고 실기와 도로주행을 하면서 긴장할 수밖에 없었다. 더욱이 직장을 다니면서 출근 시간 전에 시간을 낼 수밖에 없어서 더욱 부담스러웠다. 그러기를 여러 번, 겨우 면허를 취득해서 운전을 하고 다녔지만 주차라는 더욱 어려운 문제가 놓여 있었다.

특히 후진 주차를 오랫동안 하지 못하고 있었는데, 어느 순간 결심을 하고 "나는 후진 주차를 충분히 할 수 있어!"라는 굳은 마음으로 시도해서 손쉽게 성공했다. 그와 같은 마음가짐으로 병렬 주차도 할 수 있게 됐다. 후진주차를 가능하게 한 이유는 단지 후진주차를 할 수 있다고 생각한 것뿐이었다.

인생도 마찬가지다. 우리는 살면서 수많은 도전과 마주하게 된다. 대학입시, 취직, 결혼, 승진 등 평범한 삶을 살아간다 해도 피할 수 없는 도전들이 너무나도 많다. 더욱이 이러한 도전이 성공일지 실패일지 알 수가 없을 때가 있다. 하지만 멘탈을 컨트롤함으로서 내 앞에 주어진 상황의 결과를 예측할 수 있다.

사람들은 멘탈이 오랜 시간에 걸쳐 만들어져 온 것이기에 쉽게 바꿀 수 없다고 생각한다. 하지만 이것 또한 자신이 만든 멘탈의 프레임에서 벗어나지 못하는 사고방식에 불과하다. 멘탈을 강화시키는 것은 생각하는 것만큼 어렵지 않다. 멘탈은 충분히 훈련 가능하고 성장 가능한 분야다. 강인한 멘탈이 어떻게 형성되고 우리네 삶에 어떤 영향을 끼치는지 이해할 수 있다면 멘탈 트레이닝은 숨을 쉬는 것만큼, 밥을 먹는 것만큼 쉽고 자연스러운 일이 될 것이다. 다만 멘탈을 바로 바꾸고 인생의 수많은 가능성에 대해 마음을 열어두느냐 아니면 닫아두느냐는 순전히 개인의 선택이다.

심리적인 부분을 극복하지 못한다면 인간의 성장도 같이 멈추게 된다. 성장이 거듭될수록 다양하고 복잡한 심리적인 상황을 자주 경험하게 되는데 이것을 극복하지 못하면 성장은 멈추게 된다. 사실 자신을 방해하는 것은 외부에 있는 것이 아니라 내 안에 있다. 이것을 '심리적 장벽'이라고 부른다.

　최근 우리나라 프로야구 구단에 멘탈 코치라는 지도자 영역이 생기고 있다. 미국의 메이저리그에서는 멘탈 영역을 전담하는 코치가 이미 활성화되어 있다. 멘탈 코치는 말 그대로 선수들의 정신적인 문제를 케어해 주는 코치다. 멘탈 코치는 선수들의 개인 상담 및 조언을 하는데 선수 개개인의 심리 상태는 경기력 향상과 직접적인 연관이 있다고 한다. 주전에서 밀려나서 힘든 시절을 보내고 있는 선수가 멘탈 트레이닝을 받고 심리적 중압감이 해소되어 다시 주전으로 뛰게 되었다는 이야기는 멘탈적인 요소가 경기력에 얼마나 많은 영향을 미치는지 알 수 있다.

　골프도 멘탈 스포츠로 유명하다. 정적인 운동이기에 움직이기보다 멈춰서 생각하는 시간이 많은데, 골프는 멘탈이 실력의 반이라고 할 정도로 멘탈 트레이닝이 중요하다. 프로골퍼 지망생이나 주니어 골퍼들이 프로의 관문을 넘어서지 못하고 도약하지 못하는 결정적인 이유는 프로골퍼들과 현격한 차이가 나는 멘탈의 수준때문이다. 멘탈이 약한 선수는 마음을 비우지 못한 채 스윙을 하게 된다. 골프는 자신과의 싸움이라고 할 정도로 다양한 심리적 문제를 끊임없이 극복해야 하는 스포츠이다. 그래서 골퍼들은 육체적인 트레이닝만큼 멘탈 트레이닝을 중요하게 여기는데, 골프 황제 타이거 우즈는 어릴 적부터 멘탈 트레이닝의 기초부터 튼튼하게 쌓았던 것으로 유명하다. 다음은 타이거 우즈가 여섯 살 때부터 실시한 자기 암시 선언문, 즉 멘탈 트레이닝의 일부다.

나는 내 운명의 주인입니다.
나는 나를 믿습니다.
나는 장애물을 보면 미소를 짓습니다.
나는 확고한 결단력을 가지고 있습니다.
나는 나의 결심을 힘차고 열성적으로 수행하고 있습니다.
나는 위대한 힘을 가지고 있습니다.
나는 어려운 것을 편안하고 자연스럽게 뛰어 넘습니다.
나는 늘 정신을 집중하고 나의 모든 것을 거기에 바칩니다.
나의 결심은 강력합니다.
나는 내 일에 모든 힘을 다합니다.
나는 위대한 사람입니다.

이 글을 보면 어떤 생각이 드는가? 미국 PGA대회 사상 세 번째로 단일대회 4연패의 위업을 달성한 타이거 우즈의 스윙이 상상되지 않는가? 타이거 우즈는 프로 전향 후 13년간 제이 브란자 박사를 전속 멘탈 트레이너로 고용하여 그의 지도하에 철저한 심리훈련을 했다. 제이 브란자 박사에게는 타이거 우즈의 전체 상금의 8%가 코칭 비용으로 지급됐다고 한다. 하지만 이런 타이거 우즈도 섹스 스캔들과 그로 인해 아내 엘린과의 이혼으로 심리적인 환경이 흔들리자 이후 단 한 번의 우승도 차지하지 못했다. 타이거 우즈뿐만이 아니다. 프로 골퍼들은 모두 멘탈 트레이닝을 철저하게 수련하고 있으며, 멘탈의 힘이 없이는 우승을 차지하지 못한다는 것을 잘 알고 있다. 멘탈 트레이닝의 목적은 이상적인 컨디션으로 목표를 문제없이 최고로 수행하고 달성하는 것이다. 예컨대 또 다른 골프의 황제 잭 니클라우스도 선수시절 오랫동안 멘탈 트레이닝을 실천했다.

역사상 가장 성공한 여자 프로골퍼인 애니카 소렌스탐도 린 매리엇과 피아닐슨의 멘탈 트레이닝 프로그램으로 훈련을 하여 여제가 되었음을 고백했다. 애니카 소렌스탐은 스웨덴 출신인데, 스웨덴은 멘탈 트레이닝이 가장 전문화되고, 발전된 나라 중 하나다. 애니카 소렌스탐은 기초 멘탈 트레이닝을 12년, 골프에 특화된 맞춤 멘탈 트레이닝을 6년 간 받아왔다. 그녀는 멘탈 트레이닝에만 18년간 정성을 쏟았다.

스포츠 분야에서의 멘탈 트레이닝이 중요하다는 것은 누구나 인지하고 있다. 하지만 아직까지 멘탈의 영역에 관한 이해가 부족하고 멘탈도 훈련이 가능한 영역이라는 것이 널리 알려져 있지 않다. 때문에 멘탈 트레이닝의 영역을 먼저 개척하고 활용한 골프, 야구 등에서 성과가 탁월한 것을 알 수 있다.

인간의 의식과 행동을 결정하는 것은 멘탈이다. 그렇기 때문에 멘탈의 힘을 잘 활용하고 자극하고, 단련하는 방법과 원리를 안다면 인생 자체를 통제할 수 있게 된다. 멘탈의 차이가 우리의 인생의 성패를 가르고 관점을 새롭게 하고 세상에 없는 혁신을 창조한다. 마음을 조절하고 다스릴 줄 아는 강한 멘탈을 가진다면 불가능할 것이 없다.

진정한 승리는 자아를 통제하는 것이다.

– 우에시바 모리헤이 (일본 합기도의 창시자) –

MENTAL TRAINING

멘탈은
훈련 가능한
영역이다

:

PART

2

멘탈 형성에도
습관이 필요하다

자기 전에 사람들이 흔히 하는 행동은 무엇일까? 바로 잠자리에서 뒤척이는 일이다. 잠자리에서 뒤척이는 동안에 무슨 생각을 하며 잠이 들까? 대부분 오늘 일어난 일에 대한 잔상, 자기 전에 보았던 텔레비전 프로그램에 대한 잔상, 뒤척이다 보았던 스마트폰에 대한 잔상 등이 대부분일 것이다. 이렇게 아무 생각없이 외부 환경이 제공해 주는 시각적 자극으로 잠자기 전 15분을 보낸다는 것은 무의식에 아무 정보가 입력되어도 좋다는 의미나 마찬가지다.

우리가 하는 행동은 70% 정도가 무의식적으로 하는 습관이라고 한다. 일단 습관으로 굳게 되면 큰 힘을 들이지 않고 행동하게 된다. 습관은 어떤 행동을 하는데 정신적인 스트레스나 압박이 없는 상태에서 자연스럽게 하게 됐다는 것을 의미한다. 아침에 일어나서 세수를 하거나 식사 후 양치를 하는데 스트레스를 받거나 꼭 해야 한다는 압박감을 느끼는 사람은 드물 것이다. 방대한 양의 책을 쓰는 것도 마찬가지다. 작가에게 좋은 생각이 떠오르면 즉각 글로 옮기는 습관을 가지지 못한다면 단 한 권의 책도 쓸 수 없었을 것이다. 평생을 살아도 한권의 책도 쓰기 힘들다고 생각하는 사람들이 많다. 하지만 이것은 습관만 바꾼다면 해결되는 일이다. 사람은 누구나 생각을 하고 경험을 하고 산다. 이 생각과 경험을 그냥 글로 옮기면 된다. 글을 잘 쓰든, 못 쓰든 그건 상관없다. 중요한 것은 생각과 경험을 글로 옮기는 습관이다.

200페이지 분량의 책을 쓰기 위해서는 대략 3만 단어가 필요하다. 꾸준한 습관을 들여 하루에 1,500 단어를 쓰면 20일이면 책 한권이 나올 분량이 된다. 모든 습관의 시작은 같다. 어려운 일이 아니다. 잠자기 전 15분을 인생을 바꿀 기회로 삼는 것도 큰 결심이 필요한 것이 아니다. 그리고 시간을 따로 투자하거나 몇 시간씩 투자해야 하는 것도 아니다. 15분이란 시간은 아무리 바쁘더라도 확보할 수 있는 시간이다. 이 짧디 짧은 하루 15분의 시간이 인생의 방향을 결정해주는 중요한 요소가 된다.

국내 굴지의 기업 CEO들은 어떤 습관을 가지고 있을까? 이들의 습관을 조사하니 독서, 명상, 글쓰기 등의 습관을 평생 지속해오고 있다고 한다. 예컨대 김재철 동원그룹 회장은 독서, 서경배 아모레 퍼시픽 회장은 독서를 통한 직원과 아이디어 공유, 김정태 하나금융 지주 회장도 10분의 독서와 5분의 명상을 하는 습관이 있다. 김영식 천호식품 회장은 일기를 쓰는 습관을 30년째 이어오고 있다. 그는 때때로 지난 일기를 보며 과거의 자신과 대화를 나누며 초심을 잊지 않으려고 한다고 한다.

습관의 영역 중 생각의 습관이 있다. 생각의 습관은 한 사람의 멘탈을 형성하는데 많은 부분을 차지하고 있다. 예컨대 습관적으로 조금 힘들면 포기하는 사람이 있다. 무언가를 배우더라고 두세 달 했다가 그만두는 경우다.

일본어는 한국어와 어순이 같은 우랄 알타이어족에 속한다. 그래서 일본어는 처음에는 배우기가 쉽다. 하지만 일본어를 능숙하게 구사하는 사람은 드물다. 왜일까? 일본어를 시작한 지 두 세 달이 지나면 동사변형을 배우게 되는데 이게 만만치가 않다. 일본어 학습자의 약 80%가 동사를 배울 때 일본어를 포기한다고 한다. 악기 레슨을 받는 것도 두 세 달을 넘기는 성인 학습자가 드물다. 악기 하나를 제대로 연주하는 사람이 많지가 않은 이유는 두세 달 배우고 포기하는 사람이 그만큼 많다는 것이다.

그렇다면 우리는 '생각하는 습관'을 어떻게 만들어 나갈 수 있을까? 습관이 한번 형성되면 생각이나 행동은 무의식적으로 자동으로

멘탈 트레이닝

설정된다. **습관이란 최대의 효율을 창출할 수 있는 시스템이다.** 그리고 습관은 누구나 바꿀 수 있다. 일단 몸에 습관이란 시스템을 형성하게 되면 시간과 에너지를 아낄 수 있다. 우리의 인생을 만들어 온 습관 중 가장 좋은 황금 습관은 무엇인가? 인생을 지금 현재 있는 곳으로 이끌어 온 핵심적인 '생각의 습관'은 어떤 것인가? 자기 전 15분이라는, 이 짧은 시간마저 황금 습관을 형성하는 멘탈 트레이닝을 지속적으로 하는 사람과 그 시간에 스마트폰과 티비 시청으로 인한 잔상만을 떠올리는 사람의 습관은 어떻게 다를까?

습관을 바꾸면 인생의 90%가 바뀐다고 한다. 강력하게 셋팅된 습관은 무의식에 저장된다. 이 무의식에 습관이 저장되는데 필요한 시간은 약 100일이 필요하다. 100일 동안 습관 만들기가 끝나면 무의식에 각인된 습관은 행동이나 생각으로 자연스럽게 이어진다. 마치 세수나 양치를 하듯이 말이다. 멘탈 또한 마찬가지다. 멘탈도 습관에 의해 형성된다.

인간은 습관의 노예다.   — 오그 만디노 —

인간은 몸으로 기억하거나 배운 것은 시간이 지나도 절대 잊어버리지 않는다고 한다. 이는 습관이 한번 생각이나 행동에 스며들게 되면 매우 오랫동안 지속될 수 있다는 의미이다. 기억상실증에 걸린 환자도 식사를 하면 이를 닦고, 아침에 일어나서 외출하기 전에는 세수를 하듯이 말이다.

탁월한 생각의 습관을 만들기 위해, 멘탈의 강자로 거듭나기 위해 잠자기 전 15분의 습관부터 바꾸어보자. 아무리 시간이 없는 사람이라 할지라도 잠자기 전 15분 동안의 짬은 날 것이다. 그리고 이 15분은 따로 시간을 내는 것이 아니다. 어차피 자려고 침대에 눕는 시간이다. 멘탈을 바꾸는데, 탁월한 습관을 형성하는데 긴 시간이 필요하지 않다. 잠자기 전 15분을 활용한다면 다음날이 바뀔 것이고, 잠자기 15분전 멘탈 트레이닝을 하는 습관이 체화되면 인생 전체가 바뀔 것이다.

일상을 바꾸기 전에는 삶을 변화시킬 수 없다. 성공의 비밀은 자기 일상에 있다.

— 존 C 맥스웰 —

멘탈의 힘은
태어나면서 받은 능력

인생의 큰 성공을 이루기 위해서 굳이 자기계발서에 종종 등장하는 '미래를 위한 인내와 희생'을 치루지 않아도 가능하다. 아니, 오히려 인내와 희생이 필요한 것은 진정한 자기계발이 아니다.

자기계발은 상상할 수 없는 커다란 노력의 경지가 아니다. 또한 인내나 고통, 자기희생도 결코 진정한 자기계발이 아니다. 자기계발은 자신이 가지고 있는 자원을 효율적으로 사용하는 것이다. 자기계발은 자신이 가지고 있는 잠재력을 폭발시키는 것이다. 자기계발은 최소한의 노력으로 최대의 성과를 거두는 것이 핵심이다. 내가 가지고 있지 않은 자원과 재능을 쫓아가는 것은 자기계발이 아니다. 그것은 타인 계발이다. 노래에 재능이 없는 사람이 가수가 되려고 하고, 끼가 없는 사람들이 연예인이 되려고 하는 것만큼 비효율적인 것이 어디있겠는가. 자기계발은 자신이 가지고 태어난 자원을 찾는 것에서부터 시작한다. 결코 남의 재능을 부러워하거나 좋아하는 것에 시간과 에너지를 소비하면 안 된다.

이는 자기계발을 '효율'이라는 관점에서 보아도 마찬가지다. 나 자신이 타고난 역량을 정확히 알 수 있다면 재능에 터보 엔진을 단 것이나 마찬가지다. 자신이 재능 있는 분야에서 노력을 하는 것이 최소한의 투자로 최대한의 효율을 거두는 것이기 때문이다. 중요한 것은 노력의 '양'이 아닌 '질'이다. 적은 노력을 들여 단시간에 재능의 질을 높이는 것이야말로 자기계발의 핵심이다. 진짜 자기계발은 진정한 자신으로 산다는 의미이다. 내가 나로 살지 못하는 것만큼 불행한 일이 있을까? 자신의 재능과는 상관없는 일을 하고 신으로부터 받은 재능을 한 번도 써먹지 못한 것을 행복하다 할 수 있을까? 자기계발은 자신의 재능을 꽃 피울 때 실현되는 것이다. 그러기 위해서 우리가 멘탈 트레이닝을 하는 것이다.

정신과 마음의 능력을 키우는 것도 인간의 중요한 재능이다. 하지만 이런 재능을 계발하려거나 발견하려 노력하지 않는 사람들이 대부분이다. 인간이 태어나면서부터 받은 멘탈의 능력은 하늘이 모두에게 내려준 공평한 재능이다. 「주역」에 하늘이 주는 행운을 거부하면 그것은 재앙으로 바뀐다고 했다. 누구나 가지고 있는 멘탈의 힘

멘탈 트레이닝

을 충분히 계발하고 이를 활용하는 사람은 세상의 운을 자신의 것으로 만들지만 그 가능성을 버려둔 채 계발하지 않는 사람은 복을 누리지 못한다. 멘탈의 힘은 누구나가 쓸 수 있는 능력이지만 이를 얼마나 가치 있게 쓰느냐는 개개인의 몫이다.

이 세상에는 인간의 생각을 조종하고 무의식을 컨트롤하려하는 세력이 있다. 그 세력은 세상의 권위 있는 모든 것들이 될 수도 있고, 대중 미디어가 될 수도 있으며, 사회의 제도나 관습일 수도 있다. 하지만 강한 멘탈의 소유자들은 자신의 정신과 마음을 세상의 힘에 휘둘리지 않는다. 그들은 올곧게 자신의 생각을 지켜나간다. 어떤 사람들은 이것을 '신념'이라 부르기도 한다.

20년 전 혹은 30년 전의 할리우드 영화가 기억나는가? 재미있는 것은 옛날 할리우드 영화에서 보여주었던 미래 사회의 모습이 오늘날 대부분 현실로 이루어졌다는 것이다. 누군가 상상하고 생각하면 언젠가는 현실이 된다. 이 법칙을 한 사람의 인생에도 적용해보자.

이 세상의 모든 물질은 누군가의 상상에 의해서 탄생되었다. 말하자면 물질의 근원은 인간의 생각이다. 따라서 인간의 멘탈은 엄청난 자원의 근원지이다. 인간으로 태어난 그 순간부터 탑재되어있던 멘탈의 능력은 온전한 우리의 재산이다. 하지만 대부분의 사람들이 멘탈의 능력을 알지도, 인정하지도, 믿지도 않는다. 우리는 태어나면서 부터 가지고 있는 능력인 멘탈의 능력을 알아보고 찾아야 한다. 멘탈 트레이닝의 목표는 온전한 자기 자신의 모습을 찾는 것이다.

능동적인
삶을 선택하라

멘탈이 나쁜 것들에 의해 영향을 받지 않도록 멘탈 상태를 세심하게 체크해보는 것이 중요하다. 스스로의 마음과 정신에 항상 다음과 질문을 하도록 하라.

"너 이대로 괜찮니?"
"혹시 상처받지는 않았니?"
"우울하지는 않니?"
"지금 행복하니?"

자신의 멘탈 관리를 잘하는 사람일수록 자신과의 대화를 게을리하지 않는다. 멘탈이 나쁜 영향을 받지 않도록 의도적으로 바리케이트를 치는 것이다. 임산부가 태교를 하듯이 나쁜 것은 보지도 말고 듣지도 말고 떠올리지도 말자. 그래야 우리의 무의식에 쓰레기가 침투해오는 것을 막을 수가 있다. 학교에서 선생님과 친구들에게 하루 종일 바보라고 놀림 당하면 진짜 자신을 바보로 착각하게 된다. 회사에서 상사와 동료들에게 업무 지적만 받으면 본인을 무능력한 사람으로 인식하게 된다.

많은 사람들이 멘탈의 힘을 이용해 자신의 삶을 유리하게 바꾸는 '선택'을 할 수 있다는 사실을 잘 모른다. 이는 우리가 사회의 구성원으로 살면서 '수동적인 삶'에 익숙해져 있기 때문이다. 우리는 초등학교에 들어간 그 날부터 수동적인 삶을 강요받아왔다. 학창시절은 한창 멘탈의 파워를 키워갈 시기지만 수동적으로 길들여지는 프로그램을 아무 저항 없이 받아온 결과, 그것이 수동적인 인생인지도 모르게 20년을 넘게 살아가게 된다.

일단 초등학교에 들어가는 것부터 자신이나 부모님의 선택은 아니다. 초등학교를 취학하기 전에 어느 학교에 다니라는 통보를 받는다. 개인에게는 선택권이 없다. 대개 집에서 가까운 곳으로 학교를 배정받는다. 그리고 담임선생님이 정해진다. 반 친구들이 정해진다. 이 과정에서 개인의 선택은 배제된다. 아무리 훌륭한 담임선생님과 좋은 친구들이 있어도 1년 후에는 담임 선생님이 바뀌고 반 친구들도 바뀐다. 이 모든 것이 개인의 의지는 아니다.

멘탈 트레이닝

길고 긴 학창시절에 개인의 선택은 없다. 정해준 대로 따라가면 그만이다. 거기서 의문은 없다. 왜 학교를 선택할 수 없는지, 왜 담임선생님을 선택할 수 없는지, 왜 반 친구들을 선택할 수 없는지 말이다.

초등학교부터 고등학교까지 길고 긴 시간을 자신이 원하는 분야를 공부하는 것이 아닌 필수 교과목을 배우게 된다. 개인의 차이나 적성에 맞는 선택사항은 거의 없다고 봐도 무방하다. 대학에 들어간다 한들 주도적인 삶을 살기는 힘들다. 본인의 재능이나 적성보다 연봉이나 사회적 평판에 의해서 전공을 선택하며, 4년 동안의 대학생활노 취업을 위해 이른바 '스펙'을 쌓기에 급급하다. 원하는 공부를 주도적으로 할 시간은 점점 줄어들고 토익시험이나 취업에 도움에 되는 분야에 시간과 에너지를 오롯이 쏟는다.

취업 이후는 더욱 심각하다. 사회초년생으로 상명하달식의 소통방식에 익숙해지고, 퇴직할 때쯤에서야 자신의 인생에 대해 진지하게 생각하게 된다. 대부분의 사람들이 퇴직하고 우울증에 시달리기도 한다. 우울증의 원인은 이제까지 수동적인 삶과는 다르게 능동적인 삶을 살아야 하는데 수동적인 삶에 몇 십 년을 길들여져 있다 보니 쉽게 적응하지 못해서다. 퇴직 후에 시간을 어떻게 보내야 할지, 무엇을 하면 좋을지에 대한 고민을 하지만 평생 수동적으로 살아온 인생이 갑자기 능동적인 삶이 되기는 어렵다.

우리가 흔히 듣고, 보고, 느끼는 주변의 여러 정보나 환경 등은 능동적으로 취사선택이 가능하다. 하지만 개인의 선택이 가능한 영역이라는 사실도 모른 채 오늘도 주어진 환경에서, 수동적인 인생을 살고 있지는 않는가.

자본주의 사회에서 대부분의 사람들은 소비자로서의 역할에 익숙하다. 반대로 생산자로서의 역할에 익숙한 사람도 있다. 드물긴 하지만 그들은 능동적인 삶을 선택했다. 수 많은 소비자들의 지갑을 기꺼이 열게 하는 혁신적인 상품의 생산자들을 떠올려보자.

일본에 스타벅스가 진출하기 전 일본에는 이미 1,400개의 매장을 가진 초대형 커피 체인점이 있었다. 그럼에도 불구하고 스타벅스가 미국과 일본은 물론이고 전 세계적으로 커피에 대한 정의를 새롭게 내린 이유는 무엇일까?

스타벅스의 최고경영자인 하워드 슐츠는 1980년대에 이탈리아로 출장을 가게 된다. 거기서 미국에서 느껴볼 수 없는 에스프레소 문화에 매혹된다. 에스프레소를 만드는 바리스타의 몸짓이 마치 예술가처럼 느껴졌다고 한다. 커피전문점이 단순히 음료를 마시는 곳이 아닌 사람들과의 만남의 장소로 애용되고 있었던 것도 그에게는 인상적이었다. 이탈리아에 에스프레소를 파는 커피바만 2만개에 이른다는 사실도 알게 됐다.

그는 커피 마시는 곳을 집도 회사도 아닌 '제 3의 공간'이라고 새롭게 정의했다. 그는 커피와 커피를 마시는 공간에 대한 정의를 능동적으로 이해했다. 그의 선택은 적중했다. 스타벅스는 전 세계로 퍼져나갔다. 이제 커피의 대명사는 네스카페가 아닌 스타벅스로 교체되었고, 사람들은 동네 다방을 벗어나 스타벅스에서 커피를 마시게 됐다. 스타벅스의 유사 브랜드는 지금도 계속해서 생겨나고 있지만 최초로 '커피와 커피에 대한 공간'에 대해 능동적인 정의를 내린 하워드 슐츠의 해석을 능가하는 브랜드는 없다. 현재 스타벅스는 하워드 슐츠가 새롭게 정의내린 커피와 커피 공간에 대한 오리지널리티를 가장 중요한 가치로 인식한다.

마음에 '공'을 들이면 '운'이 따라 온다

컴퓨터 작동법이 있고, 스마트폰 작동법이 있듯이, 인간이 생각하고 행동하는 것도 작동법이 있다. 인간이 어떻게 프로그램되어 있는지만 안다면 인생의 비밀을 풀 수 있을 것이다. 우리의 몸은 멘탈의 지배를 받는데 인간에 대한 모든 것의 본질은 멘탈이다.

태국의 어느 마을에 한 아이가 있었다. 아이의 집은 몹시 가난해서 끼니를 거르는 일이 잦았다. 아이가 사는 마을의 시장에는 아이들이 좋아할만한 간식을 만들어 파는 작은 음식점이 있었다. 그 음식점은 아버지와 딸이 함께 운영하는 조그마한 가게였다. 배고픔에 지쳐있던 아이는 그 가게에서 계산을 하는 척하고 음식을 받아 도망갔다. 하지만 음식점 주인의 딸에게 바로 붙잡히고 마는데 놀랍게도 그 음식점 주인의 딸은 아이를 혼내기는커녕 간식 두 봉지를 아이의 손에 쥐어준다.

시간이 흐르고 시장의 그 작은 간식 가게의 아버지는 음식을 만들다 쓰러지게 된다. 딸이 급히 병원으로 달려가지만 아버지의 병은 많은 돈이 드는 수술이 필요했다. 수술비용을 마련하기 위해서 딸은 동분서주했지만 비용을 마련하지 못했다. 그러던 어느 날 아버지의 침대에서 한통의 편지를 발견하게 된다. 편지에는 수술비용을 걱정하지 말라는 내용이 담겨있었다. 그 편지를 쓴 것은 아버지가 입원해있던 병원의 의사였고 그는 예전에 간식을 훔쳐 달아났던 꼬마였다.

지구상의 실제로 존재하는 모든 것들은 어떤 정신과 마음에서부터 출발했다. 건물도, 자동차도, 비행기도, 누군가의 멘탈에서부터 출발했다. 필자가 글을 쓰고 있는 도서관도 누군가 이 건물을 세우겠다는 생각을 하지 않았다면 논밭이었을 수도 있다.

멘탈의 힘을 사용하고 싶다면 지금 원하는 것이 무엇인지부터 생각해보라. 원하지 않는 것은 머릿속에 떠올리지 말아야 한다. 멘탈에 눈부신 미래를 입력해 두면 눈부신 미래를 창조할 것이고, 어두운 미래를 생각하면 어두운 미래가 열릴 것이다. 그래서 멘탈에 아무것이나 입력해서는 안 된다. 진짜로 원하는 것만 입력하자.

아이를 뱃속에 품고 태교를 하는 어머니가 좋은 것만 보고, 듣고자 하는 것도 태아의 잠재의식에 영향을 미치게 하려 함이다. 태아는 어머니가 느끼는 감정을 그대로 느끼고 음악을 듣고 사진을 볼 수 있다. 인간의 지능은 48%의 유전과 52%의 태내환경에 좌우된다는 미국의 연구조사 결과가 있다. 일례로 같은 부모에게서 태어난 형제 중 형은 어머니가 임신 당시 유복하고 안정된 태내 환경이었지만 동생의 경우엔 아버지의 갑작스런 실직으로 인한 경제적 궁핍 상태의 태내 환경이었다. 그렇게 태어난 동생은 형보다 건강상태가 좋지 않았고 지능도 떨어졌다. 결국 형은 유복한 환경에서 80세가 넘도록 장수했지만 동생은 60대 초반에 세상을 등지고 말았다.

이는 어머니의 멘탈 상태가 태아에게 직접적인 영향을 준다는 것을 알 수 있는 사례. 외부의 사물을 직접적으로 보지도 못하고 듣지도 못하며 모든 경험을 간접적으로 느끼는 태아의 경우도 어머니의 멘탈 상태에 의해 큰 영향을 받는 것이다.

태아와는 달리 성인의 기억과 경험은 대부분 직접적인 것이다. 태아에게는 좋은 것을 보고 들려주려 노력해 왔지만 정작 성인에게는 어떤가? 자신에게 최고의 경험과 생각을 선사해 주고 있는가? 신사임당이 율곡 이이를 임신했을 때의 태교법은 "마음가짐을 조심하고 착한 마음을 가지면 착한 아이를 낳고, 악한 마음을 가지면 악한 아이를 낳는다"였다.

셰익스피어는 "선악은 어디에도 없다. 인간의 사고야말로 선악을 낳는 원인이다"라는 말을 남겼다. 선함과 악함도 인간의 멘탈 속에 근원이 있다. 또한 그는 "마음의 준비가 되어있으면 모든 준비는 갖추어진 것이다"라는 말도 남겼다.

위대한 자신과 만나고 싶다면 위대한 멘탈을 갖추어라. 그러면 다른 위대한 것들은 부록처럼 딸려오게 마련이다. 모든 것의 근원은 멘탈 임을 잊지 말자. 언제나 행운을 기대하라! 빛나는 삶을 기대하라! 그렇게 하고자 한다면 분명 그렇게 될 것이다.

작은 씨앗으로
큰 열매 맺기

옛날에는 개천에서 용이 탄생했지만 요즘은 그런 일이 없다고들 한다. 왜일까? 옛날엔 모두 가난했다. 그래서 비교대상이 없었다. 상대적 박탈감을 느낄만 한 환경이 조성되지 못했던 것이다. 하지만 요즘은 어떤가? 주변 사람들이 다 가난하게 사는 동네라 해도 티비만 틀면 드라마에 심심찮게 재벌이 나온다.

인간은 누구나 환경에 의해 상대적인 박탈감을 느낀다. 나보다 월등하게 돈이 많거나, 외모가 뛰어나거나, 능력이 많은 사람을 보면 더욱 작아지게 된다. 그것이 오랜 시간 쌓이다 보면 열패감으로 나타나고, 열패감의 원인은 바로 결핍이다. 주위 사람들보다 내가 더 가지고 있지 않다는 의식을 계속 무의식에 주입하게 되면 소심하고 나약한 멘탈을 형성하게 된다.

공부를 예로 들어보자. 집안의 형제나 자매 중에 월등하게 머리가 좋거나 공부를 잘하는 사람이 있으면 상대적으로 다른 아이는 박탈감을 느끼게 되어있다. 빈부차이가 나는 동네에서 학교를 다니게 되면 상대적으로 가난한 집 아이들의 학업성적이 좋지 않은 경우도 자주 보게 된다.

가난한 집 아이들의 학업 성적이 떨어지는 진짜 원인은 멘탈이다. 같은 반 아이들은 모두 사교육을 받고 있는데 자신만 사교육을 받지 못하면, 사교육을 받지 못한 결핍이 무의식을 지배하게 된다. 진짜 재능이 있어도 멘탈 상태가 나약할 대로 나약해진 상태이기에 재능을 믿지 못하고 평범하거나 그저 그런 인생을 살아가게 된다.

따라서 강한 멘탈을 위해서는 자신감이 필요하다. 자신감을 갖지 못한 환경에서 자란 아이는 자연스럽게 멘탈이 약해질 수밖에 없다. 자신감을 위해서는 남과 자신을 비교하는 것을 지양해야 한다. 남과 비교하는 삶을 살다보면 끊임없이 불만족에 시달리게 된다. 세상에 모든 것을 다 갖고 있는 사람은 없다.

자신감이란 자신의 삶에 더 나은 면을 의도적으로 보려고 하는 시도이다. 이러한 시도를 하지 않는다면 끊임없이 남들과의 비교에 의한 박탈감이 정신을 지배하게 된다. 이런 사람들의 특징이 있다. 매사에 힘이 없고 소극적이다.

자신감을 갖기 위해서는 이른바 '작은 승리'를 경험해 보는 것이 좋다. 승리의 경험을 직접적으로 느껴봐야 나도 할 수 있다는 믿음의 싹을 틔울 수 있기 때문이다. 작은 승리의 경험을 하라. 이 작은 승리가 쌓여 자존감을 생성하고 자신이 가치 있는 인간이라는 것을 믿을 기회가 생긴다. 작은 승리의 경험을 맛 본 사람은 그 느낌을 이어가고자 한다. 작은 승리의 경험은 멘탈을 즐겁게 해준다. 작은 승리가 차곡차곡 쌓여 갈 때마다 멘탈에 쾌감을 제공하는 것이다. 작은 승리의 경험은 잠재의식에 자아에 대한 규정을 긍정적인 방향으로 전송한다.

여기서 한 가지 주의할 점이 있다. '작은 승리'를 위해서 생각마저 작게 해서는 안된다는 것이다. 생각을 크게 품었을 때라야 작은 승리가 현실로 다가오고 궁극적으로 큰 승리로 돌아오게 된다. 작은 승리가 결코 작은 생각은 아니다.

그렇다면 어떻게 작은 승리를 경험할 수 있을까? 바로 잠들기 전 15분 간의 멘탈 트레이닝에 답이 있다. 어제보다 나은 오늘, 오늘보다 나은 내일을 보내면 된다. 그리고 작은 승리는 그렇게 눈덩이처럼 불어나 어느 새 큰 승리로 전환된다.

향수 매장에 근무하는 직원이 한 명 있었다. 유통업계의 특성상 판매직원은 다양한 사람들을 만나며 스트레스를 받고 상처를 받는 일이 많다. 그녀는 어릴 적부터 향수를 좋아해서 향수매장에서 판매직을 하고 있지만 많은 사람들을 상대해야 하는 강한 업무 강도 때문에 힘겨워 하고 있었다.

그녀는 향수를 좋아한다는 열정만 가지고 계속 이 일을 해야 하는 가를 매일 매일 끊임없이 고민하였다. 거의 매일 한번 이상씩 만나게 되는 진상고객을 상대하면서 그 고민은 더욱 깊어졌다. 그러다보니 자존감은 점점 낮아지고, 우울증까지 겪게 됐다. 힘든 시간을 지내던 어느날, 그녀는 서점에서 우연히 '작은 승리'에 관한 이야기가 실려 있는 책을 보게 됐다.

그녀가 만난 작은 승리의 이야기는 거창한 것이 아니었다. 어제보다 나은 오늘을 만들고, 오늘보다 괜찮은 내일을 만드는 것, 주변 사람들의 마음을 밝게 해 주는 것, 그리고 나로 인해 다른 사람이 미소를 짓게 되는 것이라는 이야기에 자신도 이런 작은 승리는 만들 수 있겠다는 생각이 들었다.

그 책을 본 이후 그녀는 거울을 통해 자신의 모습을 자세히 들여다보았다. 거기에는 우울한 눈빛, 생기 없는 표정을 한 사람이 서 있었다. 이래서는 안 되겠다는 생각에 웃는 연습부터 해보았다. 처음에는 쉽지 않았지만 자꾸 웃기 시작하니 자연스럽게 웃을 수 있게 됐다. 웃는 얼굴에 자연스럽고 정성스럽게 화장을 하고 출근했다. 일단 웃다보니 자신감도 덩달아 따라오는 것을 느꼈다. 더불어 자기 전에는 좋은 생각만 했다. 불과 얼마 전만 해도 자기 전에 진상 고객 생각을 하며 분노를 느끼다 악몽을 꾸기 일쑤였지만 생각을 바꿔 향수에 관한 자신의 열정을 펼칠 수 있고, 자신의 조언으로 취향에 맞는 향수를 골라간 고객들에게 감사의 인사를 받는 것을 상상하며 잠이 들었다.

그렇게 작은 승리부터 경험하자는 쪽으로 생각을 고치자 고객응대까지 자신감이 넘쳐나게 됐다. 변화는 곧 나타났다. 이른바 진상 고객의 주 연령층이었던 40~50대 고객들도 그녀의 이야기를 경청하기 시작했으며, 그녀의 추천대로 향수를 사가기도 했다. 향수 매장은 점차 단골이 늘기 시작했고 매출도 수직상승했다. 고객에게 자신의 밝은 얼굴과 향수에 대한 열정을 전해주겠다는 그녀의 작은 승리에 관한 생각이 큰 변화를 이끈 것이다.

살다보면 좌절하고 싶은 순간이 찾아온다. 자존감은 타인에 의해 산산조각이 날 정도로 너덜너덜해지게 되는 때도 온다. 그때 우리는 무엇을 해야 할까? 자신의 자존감에 상처받아 하루 하루를 우울하게 보내야 할까? 누군가를 붙잡고 힘들다고 하소연을 해야 할까? 자존감에 상처를 준 사람을 비난하며 분노에 찬 나날들을 보내야 할까? 그러면 삶이 달라질 수 있을까? 자존감을 되찾고 좌절감에서 헤어 나올 수 있을까.

한국인 최초의 메이져리거 박찬호는 한 일간지와의 인터뷰에서 이런 말을 했다. 타이거 우즈가 골프를 탁월하게 잘 하는 이유는 계속 이겨보았기 때문이라는 거다. 승리의 경험을 토대로 멘탈 트레이닝을 하면 계속 이길 수 있다는 것이 그의 얘기다. 스포츠가 멘탈 게

임이라고 하는 이유이기도 하다.

　당신에게 좌절을 안겨준 그들보다, 자존감에 상처를 준 그들보다 멘탈의 강자가 되어라. 당신이 처한 상황과 환경을 다른 관점으로 바라보자. 어차피 인생이란 수많은 선택들이 있다. 이제 결정을 할 시간이다. 결정을 유보하는 것은 나쁜 결정을 하는 것보다 더 안 좋은 결과를 초래한다. 결정 장애에 빠져 허우적거릴 시간이 없다.

자신의
추종자가 되라

멘탈 강자들에게는 공통점이 있다. 그들은 자신에 대한 강한 믿음이 있다. 강한 믿음을 가지려면 일단 자신을 뜨겁게 사랑해야 한다. 우선 자신의 추종자가 되어야 한다. 내가 나의 팬 1호가 되자.

자신을 사랑하는 것은 이기적인 것이 아니다. 오히려 이타적인 것이다. 나를 사랑하지 않으면 남도 사랑하지 못하고 그렇게 되면 이 세상도 사랑할 수 없게 된다. 스스로 돕는 자가 남을 도울 수 있듯이 자신을 아끼고 소중하게 여기는 사람은 남들에게도 그렇게 한다. 자신에게 반할 정도로 멋진 사람이 되어라. 탁월한 성취를 이루고 난 후 뒤돌아 볼 때 자신을 대견스러워 하고 놀라워하라.

자신을 아끼고 사랑하는 자는 자신에게 주어진 삶을 허투루 대하지 않는다. 자신에게 주어진 시간을 소일거리나 향락에 쓰지 않는

멘탈 트레이닝

다. 어제와 다른 내가 되고자 하며 오늘보다 내일이 기대되는 사람이 되고자 한다. 하루 하루가 변하는 사람이 되고자 한다. 그래야만 세상도 빛낼 수가 있다. 내가 나의 추종자가 되자. 그리하여 온 세상이 나의 추종자가 되게 하자.

이것이 바로 멘탈 강자들의 자기 사랑 방식이다. 세상이 온통 나에게 반하고 나의 추종자가 되려면 반드시 강한 멘탈이 동반되어야 한다. 자신을 철저하고 믿고, 사랑하는 자는 세상 누구도 무시하지 못한다. 오히려 그런 강한 자신감을 부러워하고 추종한다. 하지만 대부분의 사람들은 반대로 한다. 사신을 사랑하는 것보다는 남을 사랑하며, 세상이 나에게 반하게 만드는 것이 아니라 세상이 반한 사람을 숭배하느라 바쁘고, 남의 추종자가 되려 한다. 세상 사람 중 자신의 팬이나 추종자는 하나도 없지만 항상 자신은 그 누군가의 팬이고, 누군가를 추종한다. 이러한 곳에 소중한 인생의 시간과 에너지를 쓰는 것이 과연 자신의 인생에 어떤 도움이 될까?

이제 그 누군가의 팬이나 추종자가 되는 것을 멈추고 어떻게 하면 사람들이 나의 팬이나 추종자가 될 것인가를 생각해 보아야 할 시간이다. 주체적인 삶을 살려면 세상이 아닌 나 자신에게 집중해야 한다. 그리고 자신에게 크나큰 믿음과 애정이 있어야 한다. 세상만사의 시작은 모두 나로부터 시작되었음을 잊지 말아야 한다.

우리의 몸과 마음은 우리가 생각한대로 움직인다. 생각은 몸과 마음을 이끈다. 누군가를 숭배하거나 추종하는데 의식을 집중하고 있으면 자신이 가진 가능성에 대해서 깨달을 기회가 그만큼 줄어든다. 남의 꿈을 키워주거나 타인의 성취에 도취되는 대신 나의 꿈을 키우고, 내가 이룬 성취가 나 자신을 감동시킬 만큼 원대해지자. 세상의 중심은 언제나 나 자신이라는 것을 상기하면서 말이다. 진정한 자기계발은 내가 나를 알고 나를 깨닫고 내가 갈 곳이 어디인가를 알고, 이 모든 것을 기쁘게 받아들이는 것이다.

　나 자신을 뜨겁게 사랑하기 위해서 잃지 않아야 할 것이 있다. 바로 자신감이다. 자신감을 갖으려면 자신감을 갖을 만한 능력이 있거나 무엇인가 탁월하게 잘해야 한다고 생각하지만, 그런 것은 자신감의 일부분일 뿐이다. 능력이 없어도, 예쁘지 않아도, 실력이 없어도 자신감을 갖는 건 개인의 선택이다. 부족한 능력에서 실력을 향상할 가능성이 있는 것도, 예쁘지 않아도 매력적일 수 있다는 가능성을 일깨워 주는 것도 바로 자신감이기 때문이다. 당신의 마음에 확실한 '자신감'을 장착하라. 아무것도 없을지라도, 지금 아무것도 이루지 못했을지라도 자신을 믿어라.

행동보다
멘탈이 먼저다

필자는 작가가 되기까지 8년을 도서관에서 책을 보며 지냈다. 가용 시간을 짜내어 책을 본 시간이 올해로 8년째다. 누군가 필자에게 이런 질문을 했다. 책을 보는 것이 괴롭지 않냐고. 왜 그렇게까지 많은 책을 보았냐고 말이다. 필자에게 책 읽기가 괴로운 것이었다면 어떻게 8년이란 시간을 도서관에서 독서에 몰두할 수 있었을까? 그 무엇을 하는 것보다 책 읽기가 재밌었다. 그 뿐이다. 지금도 마찬가지다. 책 읽기는 그냥 놀이다. 밥을 먹는 것과 같다. 육체의 양식이 밥이라면 정신의 양식은 독서다. 또한 책 읽기는 공기다. 공기가 없으면 숨을 쉴 수 가 없듯이 책을 읽지 않으면 숨을 쉴 수 없을 정도로 답답했다.

그렇게 8년간 도서관에서 독서를 한 필자의 독서법을 이미 책으로 출간했다. 『독서로 세상을 다 가져라』라는 책이다. 이 책에서 말하고자 하는 핵심 독서법이 있다. 바로 필사다. 필사란 책을 똑같이 베껴 쓰는 일이다. 필자가 중점적으로 필사한 책의 8할은 철학 고전이었다. 철학 고전은 일단 양이 많다. 그리고 내용이 잘 이해가 되지 않는다. 필사를 경험해본 사람은 아마 알 것이다. 책 한권을 통째로 베껴 쓰는데 드는 시간과 노력의 양을 말이다.

하지만 필사를 하면서 괴롭고 고통스럽고 인내하는 듯한 기분은 느껴본 적이 없다. 아마 필자가 필사를 고통스러운 그 무엇으로 인식했다면 그 많은 철학 고전들을 필사하는 것이 불가능했을 것이다.

필자는 그저 신나게 베껴 썼을 뿐이다. 독서를 할 때처럼 필사하는 것이 그저 재미있었다. 필사라는 행위 자체 보다는 필사를 한 후에 나타나는 기쁨에 대해서 인식을 집중하고 있었던 것이다. 이것에 바로 행동을 하기 전에 멘탈을 먼저 설정한 효과다. 자, 그럼 정리를 해보자.

1 어떤 행동을 하기 전 그 행동에 대한 정의를 내린다.

2 그 행동을 하고 나서 나타날 미래에 대해 기대한다.

3 의식을 현재의 행동보다 미래에 맞춘다.

4 미래를 생각하며 행동을 한다.

5 초점 자체가 미래에 있으므로 행동이 달라진다.

이것이 행동을 하기 전에 행동에 대한 감정을 전환하는 방법이다. 어떤 행동을 지속하기 위해서는 많은 노력이 필요하다. 그리고 그것을 노력이라고 인지하는 순간, 행동을 지속적으로 행하기는 어려워진다. 그래서 **행동하기 전에 행동에 대한 인식을 바꿔야 한다. 그래서 행동보다 선행되어야 할 것이 멘탈을 전환하는 것이다.**

승리를 확신하는 사람과 패배를 예감하는 사람의 행동이 같을 수 있을까? 그래서 행동보다 멘탈을 먼저 셋팅한 후에 행동을 취하는 것이 올바른 순서다. 손자병법에 "이기는 군대는 이겨놓고 싸우고 지는 군대는 싸움부터 하고 승리를 찾는다"라는 구절이 있다. 손자병법에 이겨놓고 싸우라는 의미는 실제로 전쟁에서 이겼다는 의미가 아니다. 이는 상상 속의 전쟁에서의 승리이다. 즉, 전쟁을 하기 전에 멘탈부터 이겨야 한다는 의미이다. 행동을 하기 전에 멘탈을 먼저 설정한 효과를 손자병법에 대입해 본다면 다음과 같다.

1 어떤 행동을 하기 전 그 행동에 대한 정의를 내린다. (싸우기 전에 승패를 이기는 것으로 정의 내린다)

2 그 행동을 하고 나서 나타날 미래에 대해 기대한다. (승리 후에 일어날 일들에 대해 집중한다)

3 의식을 현재의 행동보다 미래에 맞춘다. (승리후의 모습을 상상한다)

4 미래를 생각하며 행동을 한다. (이미 승리를 달성할 모습에 집중했으므로 군대의 사기가 하늘을 찌른다)

5   초점 자체가 미래에 있으므로 행동이 달라진다. (사기가 충만한 군대가
    진짜 전쟁의 승리를 차지한다)

인간은 자신이 성취하고 싶다고 생각한 대로의 인간이 된다.

– 윌리엄 제임스 (미국의 심리학자) –

멘탈 트레이닝의 비밀, 무의식의 세계

:

PART

3

기억의 밑바닥
'잠재의식'

집필을 하다 보면 6~7년 전에 읽었던 책의 내용이 또렷이 떠오를 때가 있는가 하면, 십 년 전 친구와의 대화가 갑자기 생각날 때도 있다. 집필을 할 때는 작가의 모든 경험과 지식을 끌어다 써야 하므로 뇌는 필사적으로 관련 자료를 찾으려고 하기 때문이다.

사람의 멘탈은 무한한 능력을 가지고 있다.   - 칼 융 -

실제로 책의 주제를 선택할 때 어린 시절 읽었던 책의 영향을 많이 받는다. 필자는 어린 시절부터 '못말리는' 위인전 마니아였다. 특히 나폴레옹에 대한 관심이 지대했는데 친척집이나 친구집에 갔을 때 나폴레옹 관련 서적이 있으면 그것부터 읽었다. 이런 나폴레옹에 대한 잠재의식의 결과는 성인이 되어서도 나타났는데, 컴퓨터 배경 화면에 자크 루이 다비드가 그린 알프스를 힘차게 넘는 붉은 망토의 나폴레옹의 그림에 필자의 얼굴을 합성하기까지 했다.

이처럼 어릴 적 인상 깊게 읽었던 위인전들은 잠재의식에 각인되어 그때 읽었던 텍스트와 그림, 사진, 그리고 그들의 사고방식이 필자의 삶에 스며들었던 것이다.

사람들이 첫인상을 중요하게 여기는 것도 한 사람의 이미지가 타인의 잠재의식에 어떻게 각인되느냐에 따라 인식이 달라지기 때문이다. 한번 각인된 사람의 이미지는 바꾸기가 어렵다. 첫인상이 나쁘게 인식된 사람의 기억은 잠재의식 속에 남기 때문에 첫인상을 바꾸려면 상대방의 각인된 인식을 바꿔야 한다. 그래서 사람들이 그토록 첫인상을 좋게 남기려고 하는 것이다.

잠재의식이란 인간이 태어나면서부터 보고, 듣고, 경험한 모든 것이다. 인간의 기억은 완전하게 삭제가 불가능하기에 뇌의 어딘가에 남아 잠재의식을 형성한다. 트라우마가 좋은 예이다. 큰 사건을 겪고 난 후 뇌의 어딘가에 저장된 기억이 시간이 많이 흐른 후에도 잠재의식으로 남아있는 것이다. 평소에는 기억이 나지 않는 사람의 이름이 갑자기 떠오르는 것도 마찬가지다. 우리가 그동안 경험한 그 모든 것들이 잠재의식, 즉 무의식을 형성한다. 인간의 잠재의식은 거대한 기억의 저장소이다. 잠재의식 속에는 한 인간의 모든 경험과 기억이 그대로 저장되어 있다.

잠재의식이 경험과 기억의 저장창고라는 것은 습관으로 나타난다. 인간은 몸으로 기억한 것은 쉽게 잊지 않는데 운전을 예로 들어보자. 무의식적으로 운전을 할 정도로 몸에 배어 버린 운전 습관은 10년 만에 운전대를 잡아도 처음에는 다소 어색해도 조금만 시간이 지나면 익숙해진다. 습관은 잠재의식에 각인된 상태이기 때문에 언제라도 다시 꺼내 쓸 수 있다.

잠재의식은 땅과 같다. 무엇을 심든지 심은 것이 의식으로 나타난다. 그런데 잠재의식에 공포와 불안을 심느냐, 아니면 풍요와 행복을 심느냐는 개인의 선택이다. 기억하자. 잠재의식에 공포와 불안을 심으면 결코 풍요와 행복이 자라지 않는다. 이처럼 잠재의식은 한 인간의 삶을 결정하는 나침반이다. 잠재의식의 원리를 알았다면 이 잠재의식을 당신에게 유리한 방향으로 설정하라.

어릴 적 매우 엄한 부모님 슬하에서 자란 아이는 커서 부모가 되어도 자신의 아이들에게 엄격한 부모가 될 확률이 높다. 부모의 역할 모델을 '엄격함'으로 자신의 잠재의식에 각인되었기 때문이다. 어릴 적 엄한 부모 밑에서 자랐거나 매를 맞고 자라 성인이 된 사람의 잠재의식에는 공포감이 존재한다. 세상에 대한 공포감이라는 잠재의식은 자신의 아이에게 그대로 전이된다. 부모의 공포의 감정을 전이 받은 아이의 잠재의식에도 공포감이 각인되고, 세상을 대하는 태도는 대물림된다. 이렇듯 인간이 경험한 과거의 잠재의식은 언제든 의식으로 표출되어 현실에 반영된다. 억압적인 부모에게 자란 아이는 성인이 되어 순종을 체화하고, 복종에 익숙해지고 도전을 두려워하고 보수적인 삶의 태도를 유지하게 된다.

그래서 우리는 무엇을 보고, 무엇을 듣고, 무엇을 경험할 것인지 신중해야 한다. 가능하면 좋은 것을 듣고, 보고, 경험을 해야 한다. 잠재의식 속에 세상의 '쓰레기 더미'를 넣지 말자. 인간의 잠재의식에 영향을 주는 많은 사건과 환경이 바로 멘탈을 구성하는 주재료라는 것을 잊지 말자.

잠재의식은 컨트롤이 가능한 영역이다. 하지만 많은 사람들이 이 사실을 모르고 살아가고 있으며 잠재의식을 형성하는 뇌의 저장 공간에 암울한 뉴스나 공포, 걱정거리들을 끊임없이 주입하고 있다. 사람들은 자극적인 뉴스에 쉽게 반응한다. 그래서 뉴스는 점점 더 자극적인 소재를 찾는다. 자극적이면 자극적일수록 시청률이나 구독률이 증가하기 때문이다.

그러면 무조건 뉴스를 접하지 말란 소리냐? 현대 사회에 살면서 그것이 가능하냐? 라고 묻는 독자들이 있을 것이다. 무조건 뉴스를 차단하라는 뜻이 아니다. 가능하면 암울하고 자극적인 뉴스를 찾아서 보지 말라는 소리다. 자기 전에 끔찍한 사건이나 정보를 접하는 것이 정말 당신의 삶에 도움이 될 것이라고 생각하는가?

무엇보다 우리는 그 자극적인 소식들을 전부 다 알고 있을 필요가 없다. 좋은 소식들만 접하기에도 시간이 모자라다. 당신은 어떤 잠재의식을 형성하는 정보를 뇌에 입력해두고 싶은가? 부정적인 잠재의식을 만드는 부정적인 정보인가. 긍정적인 무의식을 만드는 긍정적인 정보인가.

긍정적인 생각만 한다고 암울한 현실에 무지개가 뜨는 것은 아니다. 다만 부정적인 현실을 만든 원인이 무엇인지 알아보는 것이 긍정적인 마인드를 만드는 것만큼 중요하다. 그래서 선행되어야 할 것은 현재의 부정적인 심리상태가 무엇 때문인가를 파악하는 것이다.

우울증을 겪는 사람들은 과거 자신의 잘못과 단점을 복기한다고 한다. 그리고 부정적인 질문을 사용한다. "왜 내가 이렇게까지 되었을까?" "나는 왜 항상 이 모양일까?" "오늘 내가 반성해야 할 것은 무엇인가" 등 자신의 이미지를 부정적인 것으로 잠재의식에 각인되게 한다. 부정적인 질문을 사용하면 자아에 대한 부정적인 과거를 떠올리고 현재의 자아에 대한 긍정적인 이미지를 갖기가 힘들어진다. 문제는 이런 부정적인 이미지를 계속 떠올리는 단계에 들어서면 뇌(잠재의식)는 이것을 현실로 받아들이게 된다는 점이다. 뇌는 상상과 현실을 구별하지 못한다.

실제 일어난 일이 아닌데도 괴담을 들으면 온몸이 오싹해지는 경험은 누구나 해보았을 것이다. 그래서 자시 자신에 대해 비판하거나 부정적인 이미지를 떠올리는 것을 삼가해야 한다. 남을 비난하거나 비판하는 것도 좋지 않지만 자신을 향한 비난이나 비판은 남을 비난하는 것보다 훨씬 큰 역효과를 불러온다. 자신을 비난하는 것은 자아의 실패 이미지를 잠재의식에 입력하게 하는 것이다.

남에게 비난받거나 비판 받았을 때, 육체적, 정신적 컨디션이 좋을 리 없다. 부정적인 평판을 들으면 가슴이 아파오거나 머리가 지끈지끈거리거나, 속이 꽉 막힌 듯한 신체적 현상이 따라오게 마련이나. 부정적인 사아 이미시는 신제의 반응으로 바로 나타난다.

반대로 긍정적인 자신의 이미지를 잠재의식에 각인하는 질문은 어떤 것이 있을까? "나는 왜 이렇게 멋질까?" "나는 왜 이렇게 감사할 일이 많이 생기는 걸까?" "오늘 하루 내가 잘 한 일은 무엇일까?" "나의 강점은 무엇일까?" 등이다.

굳이 잠재의식에서 잠자고 있던 부정적인 자신까지 끄집어내어 자신의 모습을 반성할 필요가 있을까? 스스로를 믿는 사람이 창조적인 가치를 만들어낼 수 있다. 창조적인 가치를 만들어낼 수 있는 사람이 되기 위해서는 부정적인 질문은 과감하게 버려라.

현재의식을
바꾸자

자본주의 사회에서 기업들은 어떻게든 잠재 소비자로 하여금 상품을 구매하도록 하는데 초점을 맞춘다. 그래서 우리의 현재의식은 알게 모르게 기업들의 마케팅에 계속해서 노출되고 있고, 언젠가는 그 상품을 구매하기 위해 지갑을 열게 될 것이다.

우리는 마트 진열대에서 수많은 종류의 상품을 접하게 된다. 그 중에서 우리는 이미 인식하고 있었던 상품을 선택하게 될 가능성이 높다. 같은 이미지를 반복해서 인식하게 되면 그 인식은 나의 의식에서 확대된다. 확대된 의식은 대상에 대해 집중하게 한다.

멘탈 트레이닝을 하는 목적은 잠재의식을 전환하므로써 현재의식을 바꾸는 것이다. 멘탈의 흐름을 오직 의도된 방향으로 흘러가게 해야 우리가 원하는 인생을 살 수 있다. 무딘 칼로는 무를 자르기도 힘들듯이 무딘 멘탈로는 현재의식을 변화시키기가 힘들다.

현재의식과 잠재의식은 한 쌍이다. 현재의식을 만드는 것은 잠재의식이다. 아무리 자신이 성공하고 싶은 의지가 강하더라도 잠재의식에서 성공한 이미지를 받아들이지 못한다면 현재의식도 의미가 없어진다.

🖌 잠재의식을 바꾸지 못한 사례

- 의지 사람의 생각 : "난 성공하고 말거야"
- 현재의식 생각의 에너지 전송 : "성공은 하고 싶지만 어떻게 해야 하는지, 정말 할 수 있을지 모르겠어."
- 잠재의식 전송된 에너지 수행 : "성공을 갈망하지만 성공은 나와는 상관없는 일이야."

이 사례에서는 자신의 의지와 현재의식이 일치하지 않는다. 즉 성공은 하고 싶지만 자신이 성공할 수 있을 거라고 믿지는 못한다. 이 불신의 에너지는 잠재의식에 그대로 저장된다. 믿지 못하기에 잠재의식은 성공을 수행하지 않는다. 잠재의식이 수행하는 것은 성공을 믿지 못하는 불신이다.

의지는 상상력을 이기지 못한다. 아무리 성공하고 싶다는 의지가 강하더라도 현재의식과 잠재의식에서 성공한 이미지를 떠올릴 수 없다면 잠재의식은 성공을 향한 작동을 하지 않는다. 이것을 사람들은 현실과 이상의 괴리하고 하는데 이는 잘못된 말이다. 정확히는 이상을 현실로 끌어오지 못한 것이다. 이상과 현실을 하나로 일치시켜야 하는데 이것은 의지로 되는 것이 아니고 상상력으로 실현 가능하다. 인간의 뇌는 상상과 현실을 구분하지 못한다는 점을 주목하자.

그렇다면 이제 자신의 현재의식이 어떤 상태인지 점검해 볼 필요가 없다. 자신에 대한 인식을 어떻게 가지고 있는지 질문에 대답을 하도록하자.

🖌 자기 인식 테스트

1 당신의 주거환경에 대해 만족하는가?

2 스스로에 대해 만족하는가?

3 가족관계에 대해 만족하는가?

4 일에 관해 만족하는가?

5 소득에 만족하는가?

6 직장에서의 인간관계에 대해 만족하는가?

7 사회적 위치에 만족하는가?

8 능력에 대해서 만족하는가?

9 성과에 대해서 만족하는가?

10 이성(남자친구나 여자친구, 남편이나 아내)과의 관계에서 만족하는가?

만족한다면 10점 , 보통이라면 5점, 불만족이라면 1점으로 계산해서 10문항에 대한 총합계를 내보아라. 현재 당신이 스스로에 대해서 어떻게 생각하는지, 즉 현재의식에 대해 알 수 있을 것이다. 자기를 어떤 존재로 인식하느냐에 따라 세상이 자신을 어떠한 존재로 규정하는지 알 수 있다. 이 점수를 오늘 날짜로 기록해 두자.

3개월 후 이 책과 함께 멘탈 트레이닝을 실시한 후 위의 문항에 대해 다시 점수를 기록해보자. 당신의 현재의식이 어떻게 변화했는지 알 수 있게 될 것이다.

멘탈의 틀을 바꾸면
잠재의식은 춤을 춘다

사람들은 바쁜 일상에서 관성대로 하던 생각과 행동을 계속 되풀이하기 때문에 스스로의 틀에 갇히곤 한다. 따라서 하루 15분만 삶의 톱니바퀴를 멈추고 멘탈 트레이닝에 집중하라. 작은 나를 초월하고 진정한 자아를 만나라. 이는 멘탈 트레이닝을 통해서만 이룰 수 있다. 멘탈은 자석이라서 나쁜 생각을 하면 나쁜 것들만 붙는다.

당신의 잠재의식 속에 '최고의 나'를 새겨라. 그 최고의 나를 향해 멘탈을 트레이닝 하라. 최고의 내가 되는 것을 확신하는 것부터 시작하라. 인생에 있어서 명확한 목표가 없다면 다람쥐 쳇바퀴와 같은 인생에 그칠 것이다. 잠재의식에 최고의 나를 새긴다는 것은 자신의 미래가치를 발견하는 것이다. 미래는 정해져 있지 않고 운명 같은 것도 없다. 미래나 운명 또한 자신이 선택하는 수많은 선택지 가운데 하나라는 것을 알아야 한다.

몇 년 안에 변화될 눈부신 자신의 모습을 떠올리자. 평범하고 보잘 것 없는 자아에서 비범하고 화려한 존재로 비상하게 될 미래의 자신을 발견하라. 가장 좋은 것들만 소유하고 최고의 자리에 올라가고, 존경받는 삶을 살게 될 것이라고 잠재의식 속에 각인하라. 어떤가? 너무 황당무계하다고? 걱정할 필요는 없다. 생각은 자유다. 돈도 들지 않는다. 중요한 것은 멘탈을 즐겁게 해주라는 것이다. 자는 동안 잠재의식이 훌륭한 일을 해내도록 일거리를 주어라. 당신이 멘탈 트레이닝에 도전한다고 잃는 것은 아무것도 없다.

더 이상 멘탈 '을'로 살고 싶지 않다면 당신의 무의식에 셋팅되어 있는 잠재의식을 바꾸어라. 100일 간 잠자기 전 15분에 도전하라. 어차피 인생은 실험과 도전의 연속이다. 중요한 것은 당신이 지금 어떤 삶을 살고 있는가가 아니라 미래에 어떤 삶을 살게 될 것인가에 있다. 자신의 가치는 스스로가 정하고 질문하라.

지금까지 살아온 '을'의 삶을 멈추기 위해서는 실험적인 사람이 되어야 한다. 해보지 않았던 행동, 가보지 않은 장소, 읽어보지 않았던 책, 만나보지 못했던 새로운 사람들, 지금까지와는 다른 습관 등 새로운 것을 시도해 보아야 한다. 그래야 새로운 길이 보인다. 그래야 멘탈을 즐겁게 해줄 수 있다. 새로운 실험은 익숙한 삶의 톱니바퀴에서 벗어나게 해 줄 것이다. 익숙한 것으로부터 결별하라.

'하고 싶다'가 아닌
'하고 있다'로

사람들은 대개 자신이 원하는 것을 생각하면서, 이를 미래형으로 규정한다. 이를테면 "예뻐지고 싶어" "부자가 되고 싶어" "능력을 인정받고 싶어." 누군가에게 이렇게 미래형으로 규정된 희망사항을 들으면 어떤 생각이 드는가? 결국 현재는 예쁘지도, 부자도 아니고 능력을 인정받고 있지도 않다는 의미다.

이런 태도는 멘탈이 약한 사람들이 자주 하는 실수다. 진정 원하는 것이 있다면 이미 그것을 이미 하고 있다고 생각해야 한다. 내가 그토록 원했던 예쁘고, 부자이고, 능력을 인정받았는데 얼마나 기쁘겠는가. 이런 사람들의 눈빛은 항상 살아있다. 하지만 자신이 원하는 것이 없는 사람은 행복하지가 않다. 원하는 것을 미래형으로 규정하는 것은 현재 자신에게 그것이 없다는 것만 확인시켜 줄 뿐이다.

부침이 많은 연예계에서 20년이 넘게 전세계적인 슈퍼스타로 군림해온 팝의 디바가 있다. 바로 머라이어 캐리다. 그녀는 1970년 뉴욕에서 흑인 아버지와 백인 어머니 사이에서 태어났다. 그녀의 어머니는 오페라 가수였고, 뮤지션 집안이었다. 머라이어 캐리가 태어날 때 어머니는 뮤지션의 DNA를 예감해 예명이 필요없는 머라이어 캐리라는 이름을 지어주었다고 한다. 뮤지션 집안에서 성장한 머라이어 캐리는 자신의 꿈을 슈퍼스타로 정하고 매일 노래 연습에 매달렸다. 어느 날 학교에서 꿈이 무엇이냐는 선생님의 질문에 그녀는 가수가 된다면 좋을 것 같다고 말했다. 하지만 선생님은 그게 불가능하다고 했다고 한다. 이에 실망한 그녀는 집으로 돌아와 학교에서 있었던 일을 어머니에게 이야기했다. 어머니는 어린 머라이어 캐리에게 이런 말을 했다. "앞으론 가수가 된다면 이라고 말하지 말고 현재 가수라고 생각하고 말하렴." 이런 어머니의 조언으로 그녀는 그 후 자신을 가수 지망생이 아닌 가수라고 생각하며 꿈을 키웠다고 한다.

머라이어 캐리는 고등학교를 졸업하고 뉴욕의 클럽에서 코러스를 하며 데모 테이프를 만들어 수많은 음반회사의 문을 두드렸다. 하지만 그녀를 받아주는 곳은 없었다. 그러던 어느 날 그녀가 코러스를 하는 클럽에 세계 4대 음반 회사 중 하나인 소니뮤직의 사장 토미 모톨라가 나타났다. 그녀는 이 기회를 놓치지 않고 자신의 데모 테이프를 토미 모톨라에게 건네주었다. 토미 모톨라는 당돌한 어린 아가씨에서 받은 데모 테이프를 집으로 돌아가는 차안에서 듣게 되는데, 노래를 듣자마자 바로 차를 돌려 그 클럽에 돌아갔다. 결국 머라이어 캐리는 소니뮤직에서 20살의 나이에 데뷔하게 되었다. 데뷔 앨범 'Mariah Carey'는 빌보드 차트 정상에 오르며 그녀를 세계적인 스타로 만들었다.

무언가 하고 싶다는 욕구는 무의식에 저장되어 꿈으로 나타날 때도 있다. 꿈은 무의식에 저장된 욕망이 표출되는 시간이다. 당신의 무의식에 자꾸만 무엇인가 요구하고 희망하는 것은 그것에 대한 결핍을 말하는 것이다. 무의식에 이미 원하는 것을 이루었다는 이미지를 저장하라. 현재의 내가 이미 그것을 이루었고, 원하는 것을 가졌다는 이미지를 만들어야 한다.

빌 게이츠는 윈도우 프로그램에 대한 독과점법 위반 혐의로 법정에 서게 된다. 법정에서 빌 게이츠의 태도는 여러 사람들을 당황하게 했는데 피고로 참석한 그의 태도가 지나치게 여유로웠기 때문이다. 빌 게이츠는 자신의 성공비결을 한 마디로 이렇게 표현한 사람이다. "나는 자기 전 거대한 행운이 나에게 왔다는 것을 믿으며 잠든다." 그는 잠자기 전 15분 간의 멘탈 트레이닝의 힘을 알고 있던 사람이었다.

멘탈이 작아지면 행동도 소심해 지게 된다. 소심한 행동은 작은 멘탈에서 나온다. 작은 멘탈은 결핍의 집합체. 원하는 인생을 살지 못하고, 원하는 것을 이루고 못하고, 원하는 것을 소유하지 못한 것에서 나온 결핍이, 작고 소심한 멘탈로 이어지게 된다. 강한 멘탈의 소유자가 되기 위해서는 결핍 투성이인 현재의식을 바꿔야 한다.

예컨대 기도를 할 때 "꿈을 이룰 수 있도록 해 주세요"가 아닌 "꿈을 이룰 수 있게 해주셔서 감사합니다"로 바꿔야 한다. 즉 모든 것이 이루어진 현재형으로 기도해야 한다. 아직 받지 않는 것에 감사하는 기도야말로 결핍을 확신으로 바꾸어주는 주문이다. 무엇이든 기도하고 구하는 것은 이미 받은 것으로 확신하라.

부를 연구해야
부자가 된다

한 달에 10만원으로 생활하는 법을 알려주는 인터넷 동호회가 있다. 그 인터넷 동호회의 회원은 몇 십 만 명에 이르고 회원들은 한 달 10만 원으로 사는 본인의 경험과 노하우를 적극적으로 공유한다. 한 달에 10만 원으로 사는 것에 의식을 집중하고 있는 것이다. 그런데 왜 한 달에 1억 원으로 사는 방법을 알려주는 인터넷 동호회는 없을까? 이 사례만 봐도 부자보다 가난한 사람이 왜 많은지 이유를 알 수 있다.

절약 자체가 나쁜 것이 아니다. 절약에만 집중하는 삶의 태도가 좋지 않다는 것이다. 돈을 아끼는 방법은 다양하다. 대개 돈을 아끼는 방법으로 시간을 선택한다. 하지만 돈보다 더 소중한 것이 시간이다.

필자는 어느 날 길에서 우연히 진풍경을 보게 되었다. 상가 앞에 사람들이 100명도 넘게 길게 서있는 광경이었다. 무슨 일인지 알아보니 새로 생긴 치킨 집에서 치킨 한 마리를 5,000원에 팔고 있었다. 치킨을 튀기는 속도로 봐서는 2시간 가까이 기다려야 5,000원짜리 치킨을 먹을 수 있을 듯했다. 자, 그럼 5,000원짜리 치킨을 사기 위해 들어간 기회비용이 얼마인지 계산해보자. 우리나라의 시간당 최저임금은 올해 6,470원 2017년 기준 이다. 치킨을 사기 위해 줄을 선 2시간이면 1만2,940원이 된다. 과연 2시간을 기다려서 먹은 5,000원짜리 치킨이 현명한 선택이었을까?

　스티브 잡스는 유료로 음악을 다운로드 받는 아이튠스를 처음 만들었을 때 이런 이야기를 했다.

　"99센트가 비싸다고요? 오늘 아침 스타벅스에서 라테를 뽑으신 분? 그 돈이면 3곡을 살 수 있죠. 저는 여기서 기존 온라인 다운로드 방식의 어두운 면을 살펴보고자 합니다. 불법 다운로드에는 어떤 문제가 있을까요? 가령 여러분이 지금 인터넷에서 노래 한 곡을 다운받는다고 해봅시다. 우선 카자같은 사이트에 접속해서 노래 제목을 검색할 겁니다. 그러면 똑같은 제목으로 노래가 50~60개가 뜹니다. 그중에서 한곡을 골라야 하는데 이때 간혹 잘못된 선택을 하죠. 어찌되었든 하나를 선택하고 다운로드 버튼을 누릅니다. 하지만 중간 중간 끊어지거나 거의 마지막 순간에 중지되기 일쑤입니다. 그러기를 반복하다 보면, 결국 다운로드에 성공합니다. 그렇지만, 대개는 노래를 듣는 동안 이상한 잡음이 들어가 있거나, 마지막 부분이 잘려 나간 것을 발견하게 됩니다. 당연히 또 다시 시도를 하지요. 그렇게 노래 한곡을 완전하게 다운받는데 보통 15분이 걸립니다. 4곡을 받다보면 금방 한 시간이 지나갑니다. 아이튠스를 통해 4달러면 다운받을 수 있는 노래를 한 시간에 걸쳐 받은 셈이지요. 그렇다면, 이것은 1시간 동안 최저임금을 받고 일한 셈입니다. 그것도 양심까지 저버리면서 말이죠."

보통 우리들이 현재 집중하고 있는 대상이나 생각은 더욱 더 크게 느껴지는 법이다. 사람들은 원래 원하는 것만 보고 들으려고 하기 때문이다. 따라서 한 달에 10만 원으로 살고자 하는 사람은 10만 원으로 살게 될 것이요, 한 달에 1억 원으로 살고자 하는 사람은 1억 원으로 살게 될 것이다. 절약하고 아끼는 방법을 연구하기보다 어떻게 하면 돈을 더 많이 벌 수 있을까를 연구하는 것이 더 현명할 것이다. 이는 의식도 마찬가지이다. 많은 시간을 의식에 노출한다는 것은 그만큼 무의식이나 잠재의식에 각인되는 기회를 제공했다는 뜻이 된다. 절약에 대해서 연구하면 할수록 그의 의식과 무의식 그리고 잠재의식은 절약으로 셋팅된다.

절약을 연구하면 평생 절약만 하는 삶을 살게 될 것이고 돈을 더 많이 버는 것을 연구하면 돈을 더 많이 버는 삶을 살게 될 것이다. 삶이란 가장 많이 생각하는 것의 결과일 뿐이다.

손정의가 보통 사람들과 달리 큰 부를 갖게 된 이유는 작은 돈에 관심이 없었기 때문이다. 그는 오직 큰 돈에만 관심이 있었다. 그의 의식은 항상 큰돈을 벌어들이는 것에 맞춰져 있었다. 그는 사람들에게 이런 말을 했다. "1억 원, 2억 원을 퇴직금으로 받을 생각으로 일하지 말고 100억 원 정도의 퇴직금을 받을 생각으로 일을 하라"고 말이다. 손정의는 자본이 아닌 두둑한 배짱으로 돈을 벌었다. 예컨대 손정의에게서 특허권을 사들인 샤프의 사사키 상무는 손정의의 두둑한 배짱에 반해 자신의 집을 담보로 은행 빚까지 내어 투자를 하였다.

돈에 대해 부정적인 관념을 가지고 있거나 많은 돈이 인간의 행복을 해친다는 의식을 가지고 있는 사람은 큰 돈을 벌수도, 모을 수도 없다. 돈도 자신을 존중하고 대우해주는 사람을 좋아한다. 돈에 대한 부정적인 인식이 현실을 자석처럼 끌어당기기 때문이다. 풍요로운 인생을 살고 싶다면 돈에 대한 부정적인 의식부터 바꿔야 한다.

가난을 연구하거나 절약을 연구하면 가난과 절약에 대해서 평소보다 훨씬 더 잘 알게 되고 가난과 절약에 대해서 직접적, 간접적 경험을 하는 기회가 많이 생긴다. 그러면 의식은 어떻게 될까? 의식은 가난과 절약에 대해 많은 시간 노출된다. 많은 시간을 의식에 노출한다는 것은 그만큼 무의식이나 잠재의식에 각인되는 기회를 제공했다는 뜻이 된다.

필자는 자신이 매력적이라고 믿는 사람을 매력적이라고 생각한다. "난 매력적이야"라고 말하는 사람은 실제로 매력적으로 느껴진다. 그런 사람을 보면 없는 매력도 찾아보게 된다. 그 사람은 정말 매력적인 사람이 된다. 나를 정말로 매력이라고 생각하는 것이 바로 자신에 대한 투자다. 내가 나를 매력적이라고 인식하지 않는데 누가 나를 매력적이라고 생각하겠는가. 멘탈의 강자들은 자신에 대한 완벽한 믿음을 가지고 있고 무한능력을 탑재했다고 생각하고 있으며 한없이 자신을 사랑한다. 아무도 나를 매력적이라고 해주는 사람이 없어도 스스로를 절세미인·미남으로 여겨라.

나의 눈부신 미래에 대한 믿음이 있고, 무한 능력이 있으며, 자신을 존중하고 사랑하는 사람이 무엇이 두렵겠는가. 그래서 우리는 인심을 써야 한다. 인색하면 안된다. 그 인심이 나를 향한 믿음, 즉 나에 대한 투자다. 부자에 대해 인식하고 연구하는 것은 물론 잠재의식에 부자에 대한 이미지를 다량으로 투하하는 것이 먼저다. 그러면 부자가 된다. 우리의 의식을 컨트롤하는 무의식에 '최고의 나'를 끊임없이 의도적으로 노출시키자.

자신을 명확하게
규정하라

자기규정이란 자기 자신이 어떤 사람인지를 스스로 정의내리는 것이다. 자기규정을 스스로 내리지 않으면 다른 사람이 내가 어떤 사람인지를 규정해 버린다. 타인이 자신을 규정하기 전에 먼저 스스로 어떤 사람인지 정의를 내려야 한다. 그래야 자신이 원하는 방향으로 주체적인 삶을 살아갈 수 있다. 자기규정은 인생을 결정한다. 자기규정을 내린다는 것은 스스로 어떤 사람인지 결정을 내려서 자신이 원하지 않는 다른 선택의 가능성을 막는다는 뜻이다. 기억하자. 복권은 기계가 추첨하지만 자기가 누구인지는 나 스스로가 규정하고 정의내릴 수 있다. 심리학 박사인 이민규 씨는 이런 말을 했다. "자신을 새롭게 규정하게 되면 우리의 행동은 그 새로운 아이텐티티를 뒷받침하기 위해 달라진다." 즉 스스로 규정한 자아상과 현실의 자아상을 일치시키기 위해 그에 걸맞는 패턴으로 자아를 변모시키기 시작한다는 의미이다. 더욱이 목표가 명확할수록 잠재의식은 명령을 신속하게 수행한다.

세계 최대의 운송 기업인 페덱스의 대표 마이클 더커는 고등학교를 졸업하고 처음 페덱스에 들어왔을 때 시급 3달러를 받고 단순 노역을 했다. 하지만 마이클 더커는 자신을 단순 노동자로 규정하지 않고 최고 경영자로 규정했다. 자신을 최고 경영자로 규정하는 사람이 일하는 태도와, 단순히 노동자로 규정하는 사람의 일을 대하는 태도가 같을 수가 없다. 결국 마이클 더커는 페덱스를 다니면서 대학을 졸업했고, MBA를 취득했다. 그는 페덱스의 아시아 태평양 회장, 남부 유럽 부회장을 거쳐 지금은 페덱스의 최고 운영 책임자가 됐다.

토스트를 굽는 노점을 하더라도 명확한 자기규정이 필요하다. 어떤 사람이 일을 하기 전에 다음과 같은 자기암시를 한다고 생각해 보자. "나는 최고이고, 맡은 분야의 프로다. 나보다 이 일을 더 잘해 내는 사람은 없다." 매일 매일 이와 같은 자기암시를 시작으로 일을 하는 사람의 일을 대하는 태도는 두말이 필요없을 것이다. 자기규정은 자신감의 핵심이다.

석봉 토스트의 사장 김석봉 씨는 무교동의 리어카에서 토스트를

멘탈 트레이닝

굽는데도 자신을 노점상을 하는 상인으로 규정하지 않았다. 그는 토스트에 자신만의 철학을 담았다. 그는 특급호텔의 쉐프가 입는 조리사 복장으로 토스트를 구웠다. 그는 자신을 철저한 사업가로 규정했다. 자신의 토스트를 먹으러 오는 외국인 고객을 위해 외국어를 배울 정도로 열정이 있었다. 결국 김석봉씨가 운영하는 석봉 토스트는 단일 메뉴로 연 1억 원의 매출을 올리고, 15개의 체인점을 탄생시켰고, 중국까지 진출했다.

사람들은 흔히 사람이 가진 태도나 열정보다 역량을 중요하게 생각한다. 하지만 역량은 시간이 흐르면 얼마든지 쌓을 수 있는 것이지만 태도나 열정은 명확한 자기규정 없이 누군가 억지로 주입시킬 수 있는 것이 아니다.

명확한 자기규정은 잠재의식을 의식에 투입하기 위한 전제 조건이다. 명확한 자기규정을 하기 위해서는 과거와 완전히 결별해야 한다. 과거와 결별하지 못한다면 현재의 자신도, 미래의 자신도 만날 수가 없기 때문이다.

당신은 언제 가장 행복한가?
일상을 벗어날 수 있다면 내일 눈을 떠서 무엇을 할 것인가?
궁극적으로 어떤 존재가 되고 싶은가?
당신이 진짜 원하는 것은 어떤 모습인가?

사람들이 자신을 어떻게 기억해 주기를 바라는가?

당신이 세상에 태어난 이유는 무엇일까?

자기규정을 하는데 선행되어야 할 것이 자신을 똑바로 아는 것이다. 자신을 바로 아는 것은 자신을 과소평가하는 것과는 다르다. 사람은 누구나 개별적인 존재다. 다만 다른 사람의 삶이 무작정 부러워 보인다고 다른 존재인 자신을 그 사람과 동일시하지 말아야 한다. **당신이 부러워하는 그 사람보다 당신이 훨씬 가능성이 많은 존재임을 인식하자.** 이것이 멘탈 트레이닝을 시작하는 사람의 마음가짐이다.

신문 배달 하나를 하더라도 철저한 프로의식으로 무장한 사람들이 있다. 그들은 단순히 자신을 신문팔이라고 생각하지 않았다. 그들은 스스로를 사업가로 규정했다. 비가 오나, 눈이 오나, 언덕길을 만나거나, 흙탕물이 튀어도 언제나 새벽을 뚫고 정확하게 신문을 배달했다. 이런 멘탈로 신문을 배달하다보니 신문 하나를 배달하더라도 사업가 마인드로 고객과의 약속을 지키기 위해 최선을 다했다. 이런 신문 배달부 출신에는 에디슨, 월트 디즈니, 잭 웰치, 워런 버핏, 탐 크루즈 등이 있다.

멘탈 트레이닝을 하기 전에 명확하게 자신에 대해 규정하고 기록하라. 기록하지 않으면 머리 속의 생각은 날아간다. 그리고 자기규정은 구체적일수록 좋다. 날짜가 정해지지 않은 마감은 마감이 아니듯이 명확하고 구체적으로 자신을 규정해 둔 것을 기록으로 남겨두어라.

구체적으로 떠오르는 자신의 이미지가 없다면 멘탈을 강화시키는 것이 어렵다. 잠자기 15분 전, 이 기록을 보며 자신이 규정한 이상적인 자신의 모습을 눈을 감고 떠올리자.

멘탈 트레이닝을 효과적으로 하려면 먼저 멘탈을 즐겁게 해주어야 한다. 그래서 나의 이미지는 선명하게 떠올릴 수 있어야 하며 명확한 자기규정이 필요한 것이다. 결핍과 부정적인 이미지는 뇌에 대량의 스트레스 호르몬을 분비하게 한다.

또한, 멘탈을 소중하게 대해야 한다. 멘탈을 존중해야 멘탈의 역량을 잘 발휘할 수 있다. 자기를 명확하게 규정하는 것은 자기 자신을 바꾼다는 의미가 아니다. 자신을 어떻게 인식하고 있는지에 대한 정의를 내려주는 것이다. 이것은 자신 안에 있는 자원과 재능을 구체적으로 파악할 수 있도록 도와준다.

MENTAL TRAINING

잠자기 전 15분이 일으키는 수면 혁명

:

PART

4

꿈은
멘탈의 파편

꿈은 성스러운 영감이 찾아오는 시간이다. 또한 꿈은 멘탈의 파편이 기도 하다. 우리가 가지고 있는 무의식은 꿈으로 표현된다. 따라서 무의식을 바꿔야만 꿈의 내용이 달라진다. 무의식을 바꾸지 않고서 는 의식을 바꿀 수가 없다. 의식을 바꾸지 못한다면 현실 또한 바뀌 지가 않는다.

꿈을 조종할 수 있어야 현실이 바뀐다. 그렇다면 우리는 꿈을 조 종하기 위해서 어떤 방법을 써야할까? 바로 잠자기 전 15분 간의 멘 탈 트레이닝이 그 해답이다.

까맣게 잊고 있었던 어린 시절이 꿈에 나타나는 경우가 있다. 또 한 갖고 싶었던 물건을 갖게 되거나 만나고 싶었던 사람을 만나거 나 간절히 원한 것을 이루는 꿈을 꾸기도 한다. 꿈은 우리의 모든 경

멘탈 트레이닝

험과 기억, 감정, 정보, 활동을 저장한 무의식을 현재형으로 보여준다. 또한 꿈은 현실에서 경험한 것보다 고차원의 경험인 하늘을 날거나 물위를 걷는 것도 가능하게 한다. 꿈은 물리적인 제약을 받지 않는다.

여기서 중요한 것은 꿈은 인간이 깨어있는 시간에 겪은 경험과 본인의 욕망이 모두 현재형으로 나타난다는 것이다. 꿈은 과거형이나 미래형이 없다. 여기서 우리는 '현재형'으로 진행되는 꿈에 대해서 잘 생각해보아야 한다. 왜 꿈은 과거나 미래가 아니고 현재형으로 진행될까? 그 이유는 꿈은 욕망에 대해 솔직하기 때문이다. 인간의 욕망을 여과 없이 보여주는 무대가 바로 꿈이다.

꿈은 우리가 생각하고 느끼는 척하는 것이 아니라 실제로 생각하고 느끼는 것을 보여준다.
                                                              – 델라니–

그러면 우리는 꿈을 통제할 수 있을까? 무의식을 통제한다면 꿈도 통제 가능하다. 꿈에서도 꿈을 꾸고 있다는 것을 알고 있는 자각몽을 꾸는 사람도 있다. 꿈은 인간의 의식으로부터 오고 의식을 만드는 것은 무의식이다.

"말이 씨가 된다"는 말이 있다. 그런데 말을 하려면 먼저 생각을 해야 한다. 따라서 말이 씨가 된다는 것보다 "생각이 씨가 된다"는 것이 더 정확한 표현일 것이다.

꿈은 삶의 모든 사건을 드러내 우리에게 육체적, 정신적, 영적으로 더 높고 균형
잡힌 상태를 성취하도록 한다.   — 칼 융 —

　기분이 최악인 날에 한 숨 푹 자고 나면 회복이 되는 경우가 있다.
잠은 감정의 전환을 선사한다. 따라서 잠자는 시간을 최대한 활용해
야 한다. 잠을 자는 시간을 최고의 나를 만나러 가는 시간으로 의도
적으로 설정해야 한다. 그리고 꿈에서 최고의 내가 어떻게 살아가고
있는지 보고, 느끼고, 만져보아라.

　소중하고 강력한 참 자아를 만나러 가라. 당신의 참 자아는 상상
속에서도, 꿈속에서도 살아 숨 쉬고 있다. 반드시 참 자아와의 만남
을 가지기를 바란다. 그래야만 비로소 당신이 온전한 당신 자신으로
살아갈 수 있기 때문이다. 참 자아를 만나러 가는 것도, 무의식에 최
고의 나를 새겨 넣는 것도 의도된 것이다. 이 과정이 멘탈 트레이닝
이다.

　지그문트 프로이트는 불안증, 공포증 등으로 고통을 받는 환자들
이 자신의 과거를 고백하고 마음속에 억눌린 감정을 의사에게 털어
놓는 것만으로도 치료가 가능하다고 생각했다. 특히 그는 인간에게
무의식이 존재한다는 것을 발견하고, 무의식이 꿈을 통해 나타난다
는 것을 알았다. 프로이트는 인간이 사고하는데 있어서 무의식이 의
식을 조정한다는 사실을 과학적으로 밝혀냈다.

'꿈은 미래의 현실이다'라는 말이 있다. 꿈은 인간의 욕구를 실현하기도 하고, 잠자는 동안에 자신의 희망과 이상을 볼 수 있는 여행이기도 하다. 즉, 인간은 자신이 하고 싶은 일이나, 되고 싶은 미래를 꿈에서 미리 본다는 것이다. 이에 관해 프로이트는 "모든 꿈은 깨어 있는 동안의 정신활동과 연관되어 있다"고 했다. 실제로 꿈에서 기억 속에 묻혀진 과거의 일이 생생하게 살아나기도 한다. 이것은 살면서 경험한 모든 것들은 무의식의 저장고로 들어간다는 것을 의미한다. 무의식에 저장된 기억들은 어떤 계기로 인하여 의식으로 튀어나오기도 한다. 의식은 무의식의 조종을 받기 때문에 의식을 바꾸기 위해서 무의식의 존재에 대해서 알아야 한다. 무의식을 조종할 수 있다면 현재의식을 바꿀 수 있다. 그리고 무의식은 외부세계와 단단히 연결되어 있다.

그렇다면 인간이 무의식과 꿈을 컨트롤하는 것은 가능할가? 결론부터 말하자면 가능하다. 인간의 사고가 실제 꿈으로 바뀌는 과정에서 가장 중요한 작업은 형상화, 즉 이미지를 얼마나 세세하게 떠올릴 수 있느냐이다. 이 과정은 인간의 상상력이라는 능력이 필요하기도 하다. 아인슈타인은 이런 말을 남겼다. "상상력은 지식보다 중요하다." 앞으로 다가올 미래를 자신에게 유리하게 만들어려면 이 상상력이라는 도구를 잘 활용해야 한다. 그래서 잠자기 전 15분에 최고의 나를 떠올리는 '심상화' 과정이 중요한 것이다. 또한 멘탈 트레이닝을 하며 심상화한 이미지를 무의식에 각인시키려면 충분한 수면이 필요하다.

미국의 정신의학자 스틱 골드는 2000년도 인지신경과학잡지에 "뭔가 새로운 지식이나 기술을 익히려면 그것을 외우거나 배운 당일 6시간 이상 잠을 자야한다" 라는 연구결과를 발표했다. 기억의 학습법 (이케가야 유지)에서 인용 한숨도 자지 않고 머리에 주입한 기억은 측두엽에 각인되지 않고 수일이 지나면 사라지기 때문이다. 따라서 멘탈 트레이닝을 하려면 심상화된 이미지를 자기 전에 15분 동안 떠올리고 이를 수면 중 측두엽에서 처리할 시간을 충분히 주어야 한다. 기억이나 두뇌활동은 잠자는 시간 동안 강화되기 때문이다.

멘탈 트레이닝

인생은 1% 차이
24시간의 1%는 15분

말끔하게 턱시도를 차려입은 신사에게서 코털이 빠져나온 것을 보면 어떤 생각이 드는가? 눈부신 흰색 레이스 블라우스를 입은 숙녀에게 검정색 속옷이 선명하게 비친다면? 그 사람의 이미지는 턱시도와 레이스 블라우스가 아닌 코털과 검정 속옷이 될 것이다. 99%를 완성해도 단 1% 때문에 인상이 확 달라지게 되는 것이다.

우리 인생도 마찬가지다. 단 1% 차이로 승자와 패자가 갈리는 것은 비일비재하다. 0.01초의 차이로 한 사람은 금메달리스트가 되어 사람들의 기억 속에 저장되지만 2인자는 기억조차 나지 않는다.

대형마트 못지 않게 상품 구색도 잘 맞춰져 있고 주차도 편리한 동네의 큰 슈퍼마켓이 있었다. 이 슈퍼마켓은 24시간 영업을 하고 있었고 배달까지 되었기에 동네 주민들이 즐겨 찾았다. 그런데 언제부터인가 예전처럼 장사가 잘 되지 않았다.

이유는 작은 데 있었다. 이 슈퍼마켓은 규모가 큰 곳인 만큼 대형마트 못지않게 쇼핑카트가 많았지만 카트를 따로 보수, 관리하는 전담 직원이 없었기에 고장난 카트가 시간이 지날수록 늘었다. 손님들은 바퀴 한쪽이 잘 굴러가지 않는 카트를 밀며 불편함을 느꼈지만 사장은 고장난 카트에 관심을 갖지 않았다. 시간이 지나면서 동네 주민들은 그 불편함 때문에 그 슈퍼마켓에 가는 횟수가 줄게 되었다. 조금씩 고장이 나 있는 쇼핑카트는 매출에 직접적인 영향을 주고 있었던 것이다.

만약 그 동네 슈퍼마켓에 카트를 전담하는 직원이 있었더라면 어떻게 되었을까? 아니면 사장이 손님의 입장에서 손님용 카트를 밀고 쇼핑을 해보았더라면 어땠을까?

큰 문제는 의외로 작은 것이 원인인 경우가 많다. 사람의 인생을 바꾸는 작은 습관도 마찬가지다. 중국의 고전 '회남자'에 이런 말이 나온다. "천리의 둑도 누의의 구멍 때문에 물이 새고, 백 칸의 집도 돌극의 구멍 때문에 잿더미가 된다." 자칫 별거 아닌 1%의 작은 멘탈의 차이가 성공을 방해하고, 둑을 무너뜨리고, 고래등 같은 집을 잿더미로 만든다.

자신이 하는 일에 1%라도 더 고민하고, 1%라도 열정을 보태고, 1%라도 즐겁게 일을 한다면 결과적으로 어떻게 될까? 이런 미세한 차이의 시간이 쌓이다 보면 결국 큰 차이가 생길 수밖에 없다.

스티브 잡스가 애플 컴퓨터를 만들 때 내부가 훤히 보이는 컴퓨터를 만들자고 하자 제품 디자이너, 개발자들은 큰 불만을 쏟아냈다. 왜 굳이 아무도 보지 않는 내부를 사용자들에게 공개하느냐고 말이다. 하지만 스티브 잡스는 어릴 적 아버지에게 배운 것이 있었다. 진짜 명품은 사람들이 보지 않는 곳도 아름답고 훌륭하게 만들어야 한다는 것을 말이다. 스티브 잡스의 아버지 폴 잡스는 "캐비닛이나 울타리 같은 것을 만들 때에는 숨겨져 잘 안 보이는 뒤쪽도 잘 다듬는 것이 중요하다"고 말했고, 이는 잡스가 수리공이 아니면 볼 수 없는 컴퓨터 내부, 회로기판까지 깔끔하게 만들게 하는 계기가 되었다. "훌륭한 목수는 아무도 보지 않는다고 장롱 뒤쪽에 저급한 나무를 쓰지 않아." 바로 이 작은 차이가 지금의 애플을 만들었다.

그렇다면 인간의 정신적인 습관은 어떨까? 하루의 대부분을 후회와 불안, 걱정을 하는 습관이 있는 사람도 있을 것이고, 사는 것이 바빠 생각할 겨를조차 없는 사람도 있을 것이다. 멘탈은 말을 만들고, 말은 행동을 만들고, 행동은 습관을 만들고, 습관은 인격을 만들고, 인격은 운명을 만든다.

한 사람의 운명을 결정짓는 것이 사소한 습관에서 비롯되었듯 하루 24시간 중 1% 투자로 위대한 운명을 창조할 수 있다. 24시간의 1%는 약 15분이다. 잠자기 전 이 15분이 멘탈 트레이닝을 하기에 가장 효과적인 시간이기도 하다.

왜 잠자기 전
15분인가

잠자기 전 15분은 인생을 걸쳐 가장 중요한 골든 타임이다. 이 시간이 바로 멘탈 트레이닝을 하기에 적절한 황금 시간대이기 때문이다. 잠자기 전 15분에 어떤 생각을 하느냐에 따라 인생이 달라진다. 우리 인생의 키를 쥐고 있다고 해도 과언이 아니다.

보통 사람의 평균 수면 시간은 6~8시간이다. 평균수명이 85세라고 가정하면 평생 18만~24만시간을 잠을 자는데 소비한다. 수면시간을 활용해서 무언가를 한다고 하면 족히 수십년의 시간이 덤으로 주어지는 셈이다.

수면시간은 건강과도 밀접한 관련이 있다. 충분한 수면을 취해야 에너지를 공급받을 수 있다. 인간은 수면에 의해 삶을 유지하고 있기도 하다. 다음 날 쓸 에너지를 축적하기 위해서는 밤에 충분한 수면을 취해야 한다. 멘탈도 마찬가지다. 내일 쓸 멘탈을 위해 잠자는 시간 동안 충분히 멘탈을 축적해 놓아야 한다. 잠은 또 하나의 '멘탈 강화' 시간이다. 멘탈이 강한 사람이 잠도 잘 잔다. 불면증에 걸린 사람들은 대개 마음이 불안하다. 마음의 불안이 잠에 빠져들지 못하게 하는 원인이다.

잠들기 전에 떠올린 생각은 잠을 자는 시간 내내 무의식에 저장된다. 한번 더 강조한다. 의식은 무의식의 반영이다. 인간의 수면 패턴은 잠이 들면 깊은 수면에 빠졌다가 렘수면으로 들어간다. 렘수면은 몸은 자고 있으나 뇌는 깨어있는 상태를 말한다. 렘수면은 수면시간의 25%정도를 차지하는데 근육은 움직이지 못하지만 뇌는 깨어있을 때와 같은 각성 상태를 유지한다. 그래서 렘수면일 상태일 때만 꿈을 꾼다.

갓난아기의 평균 수면 시간은 하루 16시간이다. 이 시간 중 렘수면이 차지하는 비중은 8시간이다. 수면시간의 절반 정도이다. 이 때 아기는 뇌를 활성화 시키고, 신경조직을 연결한다. 렘수면은 두뇌가 가장 활성화 되는 시간이다. 다른 포유류에 비해 인간의 성장이 더딘 이유도 뇌를 발달시키기 위해 에너지를 다 쓰기 때문이라는 연구 결과가 있다.

그래서 잠을 청하면서부터 어떤 의식을 가지고 있느냐가 중요하다. 수면시간은 자신의 무의식과 만나는 시간이기 때문이다. 따라서 멘탈 트레이닝은 무의식으로 들어가는 통로인 잠들기 직전 15분에 하는 것이 가장 효과적이다. 강화된 멘탈이 잠재 의식 속에 각인되게 하는 것이 멘탈 트레이닝의 목적이기 때문이다.

보통 사람들은 침대에 누워있을 때 하루종일 일어난 일의 잔상을 떠올리거나 내일 일을 걱정한다. 하지만 멘탈의 강자들은 침대에 누워서 뒤척이는 시간을 그런 식으로 의미 없이 소비하지 않는다. 잠을 자려고 뒤척이는 시간마저 자신이 진정으로 원하는 것을 떠올린다.

수면시간 동안의 무의식을 내가 원하는대로 일할 수 있도록 명령을 내려라. 그것을 준비하는 시간이 바로 잠자기 전 15분이다.

오늘 잠자기 전 15분 동안 떠올린 것이 당장 오늘밤 꿈에 나타나지 않을 수도 있다. 하지만 무의식은 언젠가 반드시 의식으로 나타난다. 지금 당신의 모습과 환경은 그 동안의 무의식이 의식으로 나타난 결과이다.

트레이닝 전
워밍업을 하라

운동 전 스트레칭으로 근육을 유연하게 만들어 주듯 멘탈 트레이닝을 하기 전에 워밍업을 해두는 것이 필요하다. 멘탈 트레이닝의 효과를 극대화할 수 있게 환경을 조성하는 것이 워밍업이다.

우선 이 시간에는 가급적 대화를 삼가야 한다. 중요한 일을 하는 도중 대화를 하게 되면 집중력을 분산시킨다. 오감이 차단되어야 집중력이 높아진다. 기도를 하거나 명상을 할 때 왜 눈을 감고 조용한 환경에서 하는지 이유를 생각해 보자. 오감이 차단되지 않으면 진정한 내면으로 들어가기가 어렵기 때문이다.

칸트가 사색에 빠져 산책을 할 때 그 누구와도 대화를 하지 않았다는 사실을 상기하자. 세계적인 바이올니스트 조슈아 벨은 공연을 앞두고 집중력을 유지하기 위해 스탭들과 대화하지 않는다. 1960년

대부터 무려 50년이 넘는 세월 동안 왕성하게 활동하고 있는 가수 패티김도 마찬가지다. 패티김은 공연을 앞두고 인터뷰나 대화를 하지 않는 걸로 유명하다. 이렇듯 대가들은 가장 중요한 행위를 앞두고 있을 때 오로지 자신에게 집중한다는 것을 알 수 있다.

오늘 하루 생업에 찌들어 도저히 좋은 생각을 떠올리기 힘들 때는 독서 하는 것을 추천한다. 독서를 통해 머리 속을 맑게 해야 한다. 머리 속이 맑아지면 몸과 마음이 따라서 맑아질 것이다. 몸과 마음이 맑아져야 자신이 원하는 것을 잘 떠올릴 수가 있다.

또한 음악을 틀어서도, 주변을 시끄럽게 해서도 안된다. 멘탈 트레이닝은 힐링이나 마사지 타임이 아니다. 또한 주술의 시간도 아니다. 몸을 이완시키는 음악은 멘탈 트레이닝에 방해가 된다. 또한 스마트폰을 들여다보거나 티비를 보다가 멘탈 트레이닝에 들어가는 것은 독이다. 스마트폰이나 티비의 잔상이 머리 속에 계속 남아있기 때문이다. 저녁 시간에는 두뇌가 영상에 노출되는 것을 철저하게 배제하라. 모든 전자 기계는 꺼두도록 하자. 그리고 숙면을 위해 멘탈 트레이닝으로 가는 마음의 길을 넓고 환하게 밝혀두도록 하자.

마지막으로 멘탈 트레이닝을 하면서 무엇을 기대했든 의도대로 잘 되어가는 자신의 모습을 떠올려라. 멘탈 트레이닝을 하는 잠자기 15분전도 중요하지만 본격적인 트레이닝에 들어가기 전에 심리상태도 매우 중요하다. 운동을 하기 전에 근육이 놀라지 않게 스트레칭을 하듯이 본격적인 정신적인 훈련을 하기에 앞서 마음의 근육을 스트레칭 해야 한다.

🎋 마음 근육 스트레칭

1 편안한 마음으로 오늘의 멘탈 트레이닝이 성공적으로 마쳤음을 미리 상상한다.

2 멘탈 트레이닝을 통해서 자신이 의도한 바를 이루었다고 가정하고 그 이미지를 떠올린다.

3 잠자기 전 15분의 멘탈 트레이닝을 통해 달콤한 꿈에 대한 기대를 한다.

4 심신을 안정시킨다.

5 마음을 안정시킨 채로 잠자리에 들어간다.

잠재의식에 '최고의 자아 이미지'를 새기자

멘탈의 강자들은 자아 이미지를 항상 자신이 만들 수 있는 최고의 목표에 두고 그것을 무의식에 각인될 정도로 떠올리고, 또 떠올린다. 최고의 자아 이미지는 성공한 인생을 약속한다. 당신은 스스로를 어떤 사람이라고 인지하고 있는가? 자기에 대한 인식은 인생의 방향과 수준을 결정하는 중요한 키워드이다. 자기규정은 자신의 삶을 결정짓는다. 멘탈 트레이닝을 할 때 떠올리는 자아 이미지는 최고의 나여야만 한다. 이 최고의 이미지를 떠올리는데 집중해야 한다. 이 때 목표는 가능한 단순하고 명확해야 한다.

멘탈 트레이닝을 할 때 내일은 무슨 일이 있더라도 생애 최고의 날을 만든다는 의식을 가져야 한다. 이런 의식을 가진다고 해서 반드시 내일 100% 생애 최고의 날이 되리란 보장은 없다. 하지만 생애 최고의 날에 보다 가까이는 갈 수는 있다. 인간은 감정의 동물이다. 인간이 좋은 감정을 한번 느끼면 그 감정을 자꾸만 느끼려고 한다. 그 감정을 갈구하게 되고 그 감정을 탐하게 된다. 그래서 중요한 것이 감정을 잘 다스리는 것이다. 자신의 감정과 타인의 감정 모두 중요하다. 타인의 감정을 깊게 이해하고 잘 보살필 줄 아는 사람만이 중요하고 가치가 있는 일을 할 수 있다.

최고의 자신을 만난 경험은 자아에 대한 거대한 긍정적 이미지를 생성하게 한다. 이 긍정적인 이미지는 자신감을 불러온다. 자신감은

최고의 자아 이미지

자신이 떠올릴 수 있는 가장 상위의 자아상을 말한다. 실제로 경험해 본 적이 없는 모습이라 할지라도 상관없다. 자신이 상상할 수 있는 범위 내에서 최고의 경지에 이르는 자아의 이미지를 구체적으로 떠올리는 것은 단시간에는 어렵다. 평소에 최고의 자신에 대한 간접 경험이나 자신이 도달할 수 있는 최고의 경지에 대해 자주 떠올려야 한다. 그래야 최고의 자아 이미지에 대한 구체적인 마음의 영상을 떠올리기가 쉬워진다. 자신이 상상할 수 있는 최고의 자아 이미지에 대한 한계는 없다. 자신이 가지고 있는 의식의 범위 안에서 최고의 자아 이미지의 범위도 결정된다. 그래서 현재의 자아 이미지에서 상위의 자아를 만들고 싶다면 의식을 확장할 필요가 있다. 최고의 자아 이미지를 떠올릴 때는 그 최고의 자아 이미지가 바로 자신이라는 것을 확고하게 믿어야 한다. 그래야 최고의 자아 이미지를 더 선명하게 떠올릴 수 있다.

마음의 여유를 부른다. 마음의 여유는 최상의 판단을 할 수 있는 심리적인 환경이다. 어떠한 상황이더라도 평상심을 유지할 수 있게 하는 원동력이 바로 마음의 여유다.

PGA투어에서 통산 8회 우승으로 동양인으로서는 최다 우승을 차지한 최경주는 "나는 강하고 지혜로운 사람이 되어간다. 나는 조금씩 더 강해졌고 지금도 강해지고 있다. 세상에 동의를 얻으려고 한 적은 없다. 그렇기 때문에 어떤 말에도 내 결심은 흔들리지 않았다"라는 말로 자신을 정의했다.

최고의 자아 이미지는 심리적인 목표다. 사람은 목표 자체에서 에너지를 얻기도 한다. 이 목표는 잠재의식과 표면의식 현재의식 이 일치해야 얻을 수 있다. 잠재의식을 갈 곳 없는 나그네처럼 애매모호한 상태로 두지 말자. 잠재의식에 구체적인 명령을 해야 한다. 목적 없이 방황을 하는 것도 에너지가 소모된다. 결국 목표를 세우고 가야 할 곳을 정해도 에너지가 떨어져 목적지에 도달하지 못할 수도 있다.

존재하지 않는 것을 상상할 수 없다면 새로운 것을 만들어 낼 수 없으며 자신만의 세계를 창조해내지 못하면 다른 사람이 묘사하고 있는 세계에 머무를 수밖에 없다.

— 폴 호건 —

꿈을
기록하는 이유

멘탈 트레이닝을 100일 동안 진행하면서 잠재의식이 어느 정도 변화했는지 알기 위해서는 꿈을 반드시 기록해야 한다. 꿈을 꾸지 않는 사람은 없다. 그리고 꿈은 기록하지 않는 한 잊혀진다. 꿈을 기록하는 것이 귀찮고 성가시다는 인식에서 벗어나길 바란다. 무의식을 지배하지 않는 한 현실을 바꿀 수가 없기 때문이다.

꿈을 기록하기 위해서는 필기도구를 꼭 머리맡에 두어야 한다. 여기서 중요한것은 스마트폰이나 태블릿 PC가 필기도구로 사용되면 안된다. 영상매체는 잔상을 만들어 기록을 방해한다. 그리고 그 영상매체의 잔상은 무의식을 의도한대로 형성하는데 도움을 주지 못한다. 꼭 펜과 종이를 머리맡에 두고 잔다. 그리고 꿈을 꾸었다는 인식을 하자마자 간략하게라도 꿈을 메모하도록 한다.

사람에 따라서는 꿈을 꾼 후에 바로 필기하는 것이 무리일 수도 있다. 이때는 기계를 활용하더라도 꿈을 기록하는 것을 포기하지 말자. 영상기기는 피하되 보이스 레코더나 녹음기는 활용 가능하다. 종이로 적는 것이 최선이기는 하지만 자신의 취향대로 선택해도 무방하다.

꿈을 꾸었는데도 구체적인 내용이 기억이 나지 않는다면 꿈의 느낌만이라도 기록하자. 100점 만점을 기준으로 꿈의 내용이 기분 좋게 남았다면 100점에 가깝게 그렇지 않다면 점수를 박하게 주자. 이렇게 3개월 동안 꿈꾼 내용의 느낌을 기록한다면 그 기간동안 잠재의식이 어떻게 작용하고 있는지 통계를 낼 수 있다.

꿈은 자는 동안 인간이 섭취한 모든 기억을 재조정하는 역할을 하게 된다. 무심코 보았던 사람이나 장면 등이 꿈속에서 생생하게 보여지는 것도 뇌가 평소에 많은 정보량을 처리하지 못한 것을 자는 동안 처리하기 때문이다. 그래서 꿈에서 영감을 받거나 미래를 보여주기도 하는데 이는 인간의 뇌가 얼마만큼의 정보를 처리할 수 있는지 보여주는 것이다.

꿈은 온전히 당신의 소유다. 꿈에서 받은 영감 또한 남의 것이 아니다. 꿈은 인간이 모두 개별적인 존재라는 것은 보여주는 도구이기도 하다. 나란 사람은 과거에 없었다. 미래에도 없을 것이다. 오직 현존하는 단 하나의 자신만이 있을 뿐이다. 이런 나란 존재에 대해

멘탈 트레이닝

서 보여주는 것이 바로 꿈이다. 그래서 그냥 흘려보내면 안 된다. 최대한 기록할 수 있는 데까지 기록해야 한다. 꿈은 깨고 나서 5분 후면 90%의 내용을 잊어버린다고 한다. 자신이 이루고자 하는 목표를 이룬 사람들의 90%는 꿈을 기록한 사람들이다. 꿈은 꾸는 것보다 잃지 않는 것이 더 중요하다.

풀리지 않던 문제로 고민하다 해결책이 꿈에서 나타나는 경우가 많다. 프로 골퍼 노승열은 샷이 흔들리는 문제로 한참을 고민하다 대회 전날 꿈속에서 해결책을 찾았다. 평소에 의식을 집중해왔던 문제가 무의식에 저장되어 꿈에 나타났던 것이다. 노승열에게는 평소 메모 습관이 있었기에 그는 꿈에서 나타난 해결책을 빠르게 메모했고, 결국 2014년 PGA 투어 취리히 클래식에서 우승컵을 차지하게 됐다.

원소 주기율표의 창시자인 러시아의 화학자 드미트리 이바노비치 멘델레예프는 상트페테르부르크 대학의 화학과 교수였다. 그는 기존 화학교과서에 불만이 많아서 본인이 직접 『화학의 원리』라는 책을 집필했다. 그는 각각의 원자량에 따라서 원소들을 분류하는 방법을 알아내려고 다양한 시도를 했지만 방법을 알아내지 못하고 있었다. 그러던 중 어느 날 그는 꿈속에서 모든 원소들이 자신이 있어야 할 적당한 위치에 자리 잡은 표를 보았다. 그는 꿈에서 깨자마자 그

표를 옮겨 적었다. 원소 주기율표는 이렇게 꿈에서 완성됐다.

꿈은 지식과 경험의 저수지이다. 그러나 사람들은 실체를 탐구하는 도구인 꿈을 종종 간과한다.

— 타르탕 툴쿠 —

에디슨도 문제가 잘 풀리지 않을 때는 실험실에 대人자로 누워 가수면 상태에서 자신의 문제를 풀 수 있는 아이디어를 떠올리곤 했다. 베토벤, 모차르트 등도 꿈속에 나타난 영감을 잡아두기 위해 머리맡에는 항상 필기도구가 있었다. 이는 렘수면의 역할과 무관하지 않다. 렘수면 상태일 때 뇌가 가장 활성화된다. 그래서 풀리지 않는 문제의 해답이나 영감을 꿈속에서 찾았다는 것은 렘수면 상태일 때 가능하다.

멘탈 트레이닝

노력하지 말고
즐겨라

'강철' 멘탈이 되려면 흔히 극기훈련을 하거나 군대체험을 해야 한다고 생각하기가 쉽지만 사실 그렇지 않다. 극기훈련이나 병영체험은 멘탈을 강화시키는 것과는 아무 관련이 없으며 육체적으로 자신을 학대하는 것이다. 크나큰 고통을 감수해야만 강한 정신력을 얻을 수 있는 것은 아니다. 극기훈련과 병영체험으로 강한 멘탈의 소유자가 될 수 있다면 병역을 마치고 온 남자들은 모두 강철 멘탈의 소유자여야 한다. 하지만 현실은 그렇지가 못하다.

멘탈 트레이닝은 지극히 편하고 자연스러우며 즐거운 감정에서 하는 것이 효과적이다. 자아를 억압하거나 있지도 않은 것을 억지로 끌어내는 것이 아니다. 멘탈 트레이닝은 참 자아를 만나러 가는 시간이다. 인간이 온전한 자기 자신으로 살게 되면 두려울 것이 없게 된다. 확실한 자기규정을 하고 이상적인 자아의 모습을 이미지로 떠올릴 수 있으면 의식은 그때부터 변하기 시작한다. 그 변화된 의식을 무의식 속에 깊숙하게 각인시켜야 한다. 그것을 각인시키는 과정에서 멘탈 트레이닝이 필요하다.

의식은 때론 흔들릴 수 있다. 열정의 크기도 항상 일정하게 유지되기는 어렵다. 그래서 우리는 잠재의식의 힘을 사용해야 한다. 한번 각인된 잠재의식은 쉽게 바뀌지 않기 때문이다. 예를 들어 부정적인 사람이 긍정적인 사람이 되기가 얼마나 힘든 일인지는 독자들도 잘 알 것이다. 그래서 의식을 바꾸기 위해서는 잠재의식의 특성을 이해하고, 이것을 충분히 활용해야 한다.

하고 싶지 않은 일에 노력하는 것은 결핍을 보여주는 대표적인 행동이다. 지금 나에게 없고, 내가 잘 하고 있지 않기 때문에 노력을 하게 된다. 노력했지만 좌절한 경험은 누구에게나 있다. 하지만 노력한다는 것 자체가 진짜 자신으로 살지 못하고 있다는 증거다. 하기 싫은 일이나 고생스럽게 인내하는 것은 결국 자신이 원하는 방향에 에너지를 쏟지 못하고 있다는 것이다. 명심하라. 인내와 고통과 노력은 더 많은 인내와 고통과 노력을 부른다. 이렇게 되면 산다는 것이 곧 즐거움과 기쁨을 의미하는 것이 아닌 고통과 인내가 되어버린다.

그렇다면 멘탈 트레이닝은 노력으로 이뤄지는 것이 아닌가? 아니다. 멘탈 트레이닝은 노력으로 하는 것이 아니다. 멘탈 트레이닝의 목적은 참 자아를 찾기 위함이다. 자신만의 재능과 자원으로 독보적인 존재인 나를 찾기 위한 여정이 바로 멘탈 트레이닝이다.

따라서 참 자아를 만나고 진짜 자신의 재능을 잘 아는 멘탈의 강자들은 애쓰지 않는다. 자신의 재능을 쓰는 것을 즐긴다. 하기도 싫고, 해도 잘 안 되는 분야에서 죽도록 노력해 보았자 재능 있는 사람을 이길 수가 없다. 또한 재능 있는 사람은 즐기는 사람에 미치지 못한다. 공자도 "지지자 불여호지자 불여낙지자 知之者 不如好之者 好之者 不如樂之者"라 하지 않았는가. 알기만 하는 사람은 좋아하는 사람만 못하고, 좋아하는 사람은 즐기는 사람만 못하다.

각 분야의 대가들은 자신의 일을 억지로 하지 않는다. 코코 샤넬은 일요일을 싫어했다고 한다. 크리스마스나 국경일도 혐오했다. 그토록 좋아하는 일을 할 수 없었기 때문이다.

노력할 필요가 없다는 의견에 대해 의아해 하는 독자들이 많을 것이다. 여기서 노력이란 사람이 에너지를 쓰는 것을 말한다. 가슴 떨리지 않는 일에 에너지를 쓰게 된다면 정작 가슴 떨리는 일을 만났을 때 쓸 에너지가 남아 있지 않게 된다. 이는 직장에서 야근을 반복하는 것과 같다. 야근을 밥 먹듯 하는 직장인이 다음날 회사에 출근할 때 두 눈을 반짝이며 출근하는 것을 본 적이 있는가? 사람의 시간과 에너지는 제한적이다. 아무리 천하장사라도 언제나 힘이 넘치는 것은 아니다. 인간의 평균 수명이 100세를 넘을 수는 있어도 영생을 얻지는 못한다. 하지만 정작 사람들은 어떻게 행동하는가. 시간과 에너지가 무한정으로 존재하는 것처럼 자신의 소중한 자원을 마구 사용하고 있지는 않은가.

세상에 근면하고 성실하고 노력까지 하는 사람들은 이미 너무 많다. 하지만 근면, 성실한 노력가가 모두 강한 멘탈을 가지고 있거나 인생을 주도적으로 살고 있지는 않다. 근면, 성실을 성취의 척도로 삼는다면 새벽에 일어나서 밭을 일구는 농부들은 모두 성공 가도를 달리고 있을 것이다.

노력이라는 에너지와 자원을 아껴둔 사람은 정작 미치도록 좋아하는 일을 찾았을 때 그동안 쓰지 않고 쌓아둔 자신의 에너지를 한꺼번에 폭발적으로 사용할 수 있다. 하지만 모든 일에 에너지를 써온 사람은 어떨까? 좋아하는 일을 만났을때 쓸 에너지라는 자원이 남아 있을까? 그래서 아무데나 자신의 소중한 자원을 낭비하지 말라는 것이다. 노력 금지란 뜻은 바로 이런 의미란 것을 이해하고 넘어가야 한다. 최고의 내가 되기 위해서 필요한 것은 고통스러운 노력이 아니다. 그것은 다름 아닌 '즐기는 능력'이다.

현재 내가 '최고의 나'가 아니더라도 인간에게는 상상력이라는 유용한 도구가 있다. 인간의 특권인 멘탈의 힘을 이용해 최고의 나를 의도적으로 만들어라.

변화심리학의 대가인 앤서니 라빈스는 "사람은 감정의 동물이다. 긍정적인 감정에 의해 자기 자신의 판단력을 높일 수 있을 뿐만 아니라 집중력도 높일 수 있다. 거꾸로, 현재 지니고 있는 감정에 의해 판단력과 집중력이 떨어질 수도 있다"고 했다.

극도의 긍정적인 감정이 들면 우리는 어떤 행동을 하게 될까? 그 좋은 감정을 지속시키고 싶어할 것이다. 그 소중하고 즐거운 감정을 유지하기 위해 하는 행동들은 전혀 힘들지가 않게 될 것이다. 만약 내일 남태평양 피지섬의 호화로운 리조트로 가기 위해서 새벽 4시에 일어나서 공항으로 간다고 하면 새벽에 일어나는 일이 전혀 괴롭게 느껴지지 않을 것이다. 오히려 가슴이 떨려 잠 못 이루게 될지도 모른다. 반대로 새벽 4시에 일어나서 원하지도 않는 고된 노동을 하러 간다고 생각하면 새벽 4시에 일어나는 일이 너무 힘들고 고통스러울 것이다. 새벽 4시에 일어나는 것을 '즐기는' 사람과 '고통스러운' 사람 중 누가 원하는 것을 이루며 살아갈 수 있을까? 그래서 자기 전에는 즐거운 감정인 상태로 시간을 보내야 한다.

지금, 당신의 의식을 꽉 채우는 생각은 무엇인가. 지금 스스로를 기쁘게 하는 생각을 채우고 있는가, 불안과 공포, 걱정으로 생각을 채우고 있는가.

MENTAL TRAINING

멘탈
강자로
사는 법

:

PART

5

멘탈이 바뀌면
환경이 바뀐다

복이 와야 웃는 사람에게는 복이 오지 않는다. 복이 오지 않음에도 웃을 줄 아는 사람에게는 큰 복이 온다. 멘탈도 마찬가지다. 환경이 바뀐다고 해서 멘탈이 바뀌진 않는다. 멘탈을 바꿔야 환경이 바뀐다. 먼저 나의 정신과 마음이 변해야 나의 외부 환경도 변하는 것이다. 제자가 준비되어야 스승이 나타나듯 멘탈을 먼저 단련시켜야 그에 걸 맞는 능력과 환경이 갖추어 진다.

로또 당첨자들이 어떻게 살고 있는가? 노력없이 일확천금을 손에 쥔 결과가 무엇인가? 그렇지 않은 사람도 있겠지만 대부분 큰돈을 의미 있게 쓰지 못하고 탕진하고 로또에 당첨되기 전보다 더 암울해진 경우가 많다. 자신의 경제적인 환경이 바뀌었음에도 불구하고 왜

멘탈 트레이닝

그들의 멘탈은 변하지 못했을까?

따라서 가장 먼저 바꿔야 할 것은 정신과 마음, 즉 멘탈이다. 멘탈을 단련하지 못한 사람은 자신이 처해있는 상황에서 한 발자국도 나아가기가 힘들다. 강한 멘탈은 자신이 처한 환경을 유리하게 개선하는데 탁월한 힘을 발휘하게 한다.

연 매출이 1조원이 넘는 국내 최대의 닭가공 전문기업인 하림그룹 김홍국 회장이 언제나 탄탄대로를 걸어왔던 것은 아니다. 그는 언론과의 인터뷰에서 20대 중반에 돼지와 닭 값이 폭락해 빚더미에 앉게 되었다고 고백했다. 연리 60%의 고리사채를 써가며 빚쟁이들을 피해 돼지 막사에서 잠을 잘 정도로 힘든 시기를 보냈다고 한다. 하지만 거기서 주저앉을 정도의 약한 멘탈이었다면 사업가로서 자격이 없었을 것이다.

그는 재기를 위해 축산업을 원료로 한 가공식품에 도전장을 던졌다. 가공식품 공장을 만들고 얼마 되지 않아 아시안 게임과 올림픽이 열리면서 그의 사업은 호황기를 맞는다. 하지만 그렇게 잘 나가던 축산 가공식품도 IMF와 함께 위기를 맞게 된다. 여기서도 그의 강한 멘탈이 발휘된다. 이대로는 주저 않을 수 없다는 생각에 국제금융공사에 투자 신청을 하게 되고 국내에서는 처음으로 국제금융공사의 투자 승인을 받게 된 것이다. 이렇게 해서 재기의 발판을 마련한 김홍국 회장은 사료, 사육, 도축, 가공, 유통 등 축산업의 모든 영역을 아우르는 거대 기업을 구축하기에 이른다.

사람들은 우리나라 축산업의 미래를 밝게 인식하고 있지 않지만 그의 관점은 다르다. 날이 갈수록 육류 소비가 늘어나는 점에 착안해 해외 곳곳에 생산 공장을 세우고 미국에 삼계탕을 수출하고 있다. 중국과의 FTA 이후의 시장도 준비하고 있다.

한 번도 아니고 두 번의 큰 위기가 와도 김홍국 회장이 더욱 큰 비전을 그리며 자신의 목표를 향해 돌진할 수 있었던 이유는 다른 사람들과 차원이 다른 그의 멘탈 때문이었다. 이는 이미 그의 무의식에서 성공이 각인되어 있었기 때문이다.

멘탈이 강할수록 큰 가치를 만든다. 한 사람이 만들어낸 가치는 그가 가지고 있는 멘탈과 정비례한다. 자본주의 사회에서의 가치는 돈으로 환산된다. 그래서 멘탈의 강자들인 세계 최고의 스포츠 선수들과 그 선수들을 지도하는 프로 스포츠 팀의 감독들, 기업가들은 천문학적인 돈을 벌어들인다.

멘탈의 크기는
곧 성취의 크기

멘탈 파워가 없으면 한순간에 무너지는 것은 시간 문제다. 대부분의 멘탈 약자들은 운 좋게 돈이 많아지거나 반짝 성공을 하더라도 결국엔 실패하는 경우가 많다. 멘탈이 제대로 갖춰져 있지 않은 상태에서 오는 성공은 오히려 재앙이 될 수 있다. 그래서 인생의 3대 재앙 중 첫 번째가 바로 초년시절의 성공이다. 어린 나이에 온 갑작스러운 성공이 자신의 능력 때문이라고 착각하게 된다. 그래서 대부분 벼락 성공 뒤에는 커다란 실패가 기다리고 있다.

자수성가한 사람들은 자신이 번 돈을 지킬 수 있지만 재산을 물려받은 상속자들이 재산을 탕진하기 쉬운 이유가 바로 멘탈 파워의 크기 때문이다. 자수성가한 사람들은 모진 비바람을 해치고 멘탈이 강하게 단련이 되어 있는 상태다. 하지만 상속자들은 멘탈을 단련한 기회가 없다. 따라서 무엇이든 성취한 후에는 그에 걸 맞는 멘탈이 뒷받침되어야 한다.

멘탈이 약한 사람의 특징은 자신의 장점을 인정하려 하지 않고 부정적인 심리상태에 매몰되어 있다는 점이다. 부정적인 심리상태에서는 무엇을 하든 일에 대한 집중력이 떨어지고 그로 인해 좋은 결과나 성과를 내지 못한다. 부정적인 심리상태에서 오랜 시간 머물면 머물수록 이런 현상은 가속화되어 인생 전반에 습관으로 자리잡게 된다.

약한 멘탈은 위기관리 능력의 부재로 이어진다. 멘탈이 약한 사람들은 작은 불안에도 공포를 느끼며 항상 긴장한 상태로, 정신적으로 여유롭지 못하다. 정신적으로 여유가 없으니 상황을 객관적으로 바라보지 못하는 경우가 많다. 사람이 긴장을 하게 되면 평소에 생각나는 것도 기억하지 못하게 된다. 이렇듯 심리적인 불안 상태에 자신을 노출하는 시간이 많아지면 자신감이 위축된다.

따라서 위기극복 능력은 멘탈과 정비례한다. 그 사람의 멘탈 상태를 측정하려면 위기를 어떻게 대하느냐를 알아보면 된다. 멘탈 약자들은 위기가 오면 위기를 위기 그대로 보거나 아니면 위기를 더 크고 과장되게 해석한다. 반면 멘탈의 강자들은 위기를 기회로 삼는다. 실패를 대하는 태도도 다르다. 멘탈의 강자들은 실패에서 배우

멘탈 트레이닝

고 실패를 지렛대 삼아 도약하는 계기로 만드는 반면 멘탈의 약자들은 실패를 단순히 실패, 혹은 그 이상으로 여긴다. 더욱이 단 한 번의 실패에도 여지없이 심리적, 정신적으로 무너지는 모습을 보이기도 한다. 반면 멘탈의 강자들은 어떤 상황에서도 평상심을 유지한다. 그들은 감정을 조절하고 무서운 집중력을 발휘한다. 그래서 어떠한 상황에서라도 자신에게 유리한 방향이 무엇인지 찾아내는 능력이 뛰어나다.

자신을 어느 정도 믿을 것인지, 무의식의 능력을 어느 정도 믿을 것인지는 개인의 선택이다. 멘탈의 약자들은 완벽주의의 벽에 갇혀 지낸다. 사실 세상에 완벽한 사람은 없다. 주어진 상황에서 최선을 다하고 어떤 상황에서라도 최선의 선택을 할 뿐이다. 중요한 것은 완벽이 아니다. 하지만 멘탈의 약자들은 완벽한 상황이 될 때까지 시도하지 않는다. 그러다가 시간을 모두 보내버리고 만다.

어떤 일을 하기 전에 자격을 완벽하게 갖추거나, 그 일을 하는데 필요한 자격증을 취득하느라고 시간을 보내는 것은 멘탁 약자들의 전형적인 사고방식이다. 멘탈의 약자들은 모든 준비가 완벽해질 때까지 도전하는 것을 꺼린다. 하지만 완벽하게 준비를 마칠 때는 오지 않는다.

예를 들어 영어회화를 잘 하고 싶다는 소망을 가진 어떤 사람이 있었다. 외국인 앞에서 자신 있게 이야기하는 모습을 동경하며 어떻게 하면 영어를 잘 할 수 있을까 고민하다가 아이러니하게도 그는 영어를 가르치기로 결심한다. 그 사람은 영어를 유창하게 하지도 못했는데 어떻게 영어를 가르칠 생각을 하게 되었을까? 배우는 사람보다 가르치는 사람이 공부를 훨씬 많이 하게 된다는 점을 깨달은 것이다. 그 사람이 자신의 단점만 복기하면서 집구석에 앉아있었더라면 영어를 잘 할 수 있는 기회가 있었을까? 이처럼 강한 멘탈의 소유자는 자신의 단점마저 장점으로 만들 수 있을 기회를 창출한다.

멘탈 약자들은 떼로 몰려다니는 것을 선호한다. 자기 자신에게 자신감이 없을수록 집단에 소속되는 것을 큰 위안으로 삼는다. 그래서 항상 대중적인 것을 선호하고, 자신이 원하는 것보다 남들이 원하는 것을 가치있게 여긴다. 집단 속에서는 자신을 잘 알 수가 없다. 반면 멘탈의 강자들은 떼로 몰려다니지 않는다. 그들은 군중에 속하지 않는다. 군중을 리드한다. 그들은 절대 사람들과 몰려다니지 않는다. 멘탈의 약자들은 거대한 무리의 구성원이 되어 무리가 개인을 압박하고 압도하는 상황이 오더라도 무리의 구성원이 되는 것을 선택한다. 무리 속에 있는 것이 안심이 되기 때문이다.

현대 경영학의 창시자로 불리는 피터 드러커 Peter Ferdinand Drucker, 1909~2005년 는 오스트리아의 빈에서 청소년기를 보냈는데, 그 시기는 전체주의가 나라를 휩쓸고 있던 시절이었다. 대다수의 시민들이 사회주의자였던 빈에서 1923년 당시 14세였던 피터 드러커는 11월 11일 공화국의 날에 기수가 되어 12열 종대의 맨 앞줄에 서게 된다. 하지만 피터 드러커는 곧 덩치가 큰 의대생에게 깃발을 넘기고 집으로 돌아가 버렸다. 이유는 군중들이 발을 맞추어 걷는 집단행동때문이었다. 피터 드러커는 훗날 자서전에 그 날의 일을 상기하며 인간의 다양성을 존중하지 않는 단체행동에서 오히려 자신의 정체성을 깨달을 수 있는 계기가 되었다고 썼다.

멘탈 강화는
자신만이 가능하다

멘탈은 한 사람의 습관, 태도, 성격의 영향을 받는다. 모든 인간은 자신의 재능을 가지고 태어난다. 이 재능을 발견하고 꽃 피우느냐는 어떤 상태의 멘탈인지에 따라 결정된다. 키가 큰 사람이 있다고 하자. 이 사람은 자신을 '난 키가 너무 커'라고 생각하고 있다. 이런 사람이 장신으로서의 강점을 충분히 활용할 수 있다고 보는가? 진정한 자기계발은 자신의 강점을 발견하고 그것을 키우는 것이다. 약점이나 결핍을 발견하거나 부각하는 것이 아니다.

멘탈의 중요성을 간과한 채 자신의 멘탈을 강화시키는 훈련을 하지 않는다면 소중한 인생을 낭비하게 될것이다. 멘탈이 약한 사람들은 평생을 남의 꿈을 대신 이뤄주려 하다가 청춘을 보낸다. 남의 일을 하려고 출근하고, 남에게 돈을 벌어주려 일터로 향한다.

멘탈의 강자들에게 더 이상 휘둘리기 전에 당신의 멘탈의 힘을 키워라. 다른 사람들보다 먼저 멘탈을 강화하라. 이것이 바로 끌려다니지 않고 주도적으로 사는 인생의 시작이다. 능력은 멘탈의 강도와 비례한다. 강력한 멘탈은 삶을 대하는 태도를 변하게 한다.

개인의 내밀한 욕구는 타인이 알지 못하는 영역이다. 무슨 생각을 주로 하는지, 깊은 내면에 존재하는 것이 무엇인지 아무도 모른다. 이는 순전히 개인의 영역이다. 따라서 멘탈 강화는 다른 누군가가 해주지 못한다. 스스로 하지 않는 한 멘탈 강화는 먼 나라의 이야기가 될 것이다.

사람들은 하루에도 다양한 생각을 하고 산다. 연구결과에 따르면 평균 6만 가지 생각을 한다고 한다. 하지만 그 생각이 한 가지 주제에 국한된 것은 아니며 오늘 하던 생각의 98%를 내일 또 한다고 한다. 이것은 바로 멘탈 분열이다. 하나의 생각에 집중해도 모자란 판에 6만 가지 생각이라니…. 그래서 트레이닝을 통해 원하는 것 하나만 떠올리고 그것에 집중 할 수 있도록 하는 것이다. 하나의 이미지에 집중하라. 그리고 이 습관을 내면화 시켜라. 하나의 이미지를 멘탈에 각인시켜라.

멘탈 강화의 중요성에도 불구하고 학교에서도, 회사에서도 멘탈을 강화하는 방법은 알려주지 않는다. 왜냐하면 학교와 회사는 말을 잘 듣는 사람을 만들어내는 곳이기 때문이다. 암기하라는 것을 암기

해야 하고 시키는 일은 무슨 일이 있어도 수행해야 하는 곳이 학교와 회사다.

학교와 회사의 규율을 지키지 않는 사람은 어김없이 퇴출당한다. 학교와 회사의 설립자들은 대부분 강철 멘탈이다. 그들은 학생과 직원들이 자신만큼 강한 멘탈을 소유하길 원하지 않는다. 그래서 천문학적으로 등록금을 올려도 학생들은 군말 없이 다녀야 하고 회사 이익에 비해 쥐꼬리만한 월급을 받아도 회사를 다녀야 한다.

중국에 Chinese Bamboo라는 대나무가 있다. 이 대나무는 씨앗을 뿌리고 아무리 거름을 주고 물을 주어도 5년 간 자라지 않는다. 하지만 자라지 않는다고 거름을 주지 않고 물을 주지 않으면 그대로 죽어버린다. 하지만 5년 뒤 이 대나무는 불과 6주 만에 20m가 자란다. 이 대나무는 이런 성장을 위해 5년간 땅에 뿌리를 내리고 있었던 것이다. 단시간에 급격하게 자랄 수 있었던 이유도 긴 세월동안 뿌리를 길고 튼튼하게 내렸기 때문이다.

인간이 성장하기 위해서는 그에 걸맞는 정신적인 성장이 동반되어야 한다. 정신적인 성장 없는 삶은 단 한발자국도 앞으로 나아가게 하지 못한다. 큰 위기를 맞았을 때 그것을 기꺼이 감내하고 더 넓은 세상으로 향하게 하는 힘은 긴 시간동안 심리적인 영양을 저축해두었을 때라야 가능하다. 중국 대나무의 길고 탄탄한 뿌리처럼 말이다. 삶이 전진하지 않는 것처럼 보여도 묵묵하게 정신의 영양을 공

멘탈 트레이닝

급하는 일을 멈춰서는 안 된다. 안중근 의사의 유명한 명언인 "하루라도 책을 읽지 않으면 입안에 가시가 돋힌다"가 어떤 의미인지 곰곰이 되새겨볼 필요가 있다. 독서는 더 나은 멘탈을 위한 심리적인 햇살이자 정신적인 영양공급의 보고다. 정신적인 영양 공급을 하루라도 게을리 하지 말고 심리적 햇살을 쪼여서 환경을 자신에게 유리한 쪽으로 만들어 두는 것을 멈추면 안 된다. 성장이 더디다고 해서 거름과 물을 주지 않으면 죽는 중국 대나무처럼 말이다.

심리적 햇살

일조량이 풍부하고 기온이 상대적으로 높은 지역에 사는 사람들의 기질이 일조량이 적고 추운 지방에 사는 사람보다 긍정적이고 밝고 열정적이듯, 인간의 심리적 환경도 햇살을 받는 환경에 따라 다르다. 이는 심리적 위축의 반대 개념으로 긍정적인 자아 이미지를 만드는데 도움이 된다. 심리적 햇살은 자아의 강점에 집중하는 것으로, 스스로 판단한 자아의 강점을 부각시켜 이 이미지를 극대화하는 것을 말한다. 심리적인 환경이 위축되는 것을 막고 결핍으로 이어지는 것을 방지하는 심리적인 햇살에는 자신의 강점 찾아보기, 강점 칭찬하기, 긍정적인 자아상을 떠올려보기 등이 있다.

자기존중이 멘탈 강화의 시작점

멘탈의 강자들은 적극적으로 살고, 멘탈이 약한 사람은 소극적으로 산다. 자존감이 높은 사람의 특징은 무슨 행동을 하더라도 자신감이 넘친다는 것이다. 그러니 자연스럽게 말도 행동도 거침없이 하게 되는데, 이것은 남들이 보기에 믿을만하고 신념있는 인물로 비춰지게 마련이다. 반면 멘탈의 약자들은 무슨 행동을 해도 소극적이고 자신감이 결여되어 있기 때문에 미덥지 못한 사람으로 취급당한다. 만약 당신이라면 적극적인 사람과 일하고 싶겠는가? 소극적인 사람과 일하고 싶겠는가?

자존감이 높은 사람들은 대개 인간관계가 다양하고 긍정적이다. 그래서 주변에 사람들이 많고 호감을 준다. 반면 자존감이 낮은 경우에는 끊임없이 자신의 결점을 찾으며 움츠려들고, 사람들 앞에 나서는 것을 좋아하지 않는다. 이런 사람들의 특징은 끊임없이 타인의 시선을 의식하고, 그것에 전전긍긍한다는 것이다.

자존감이 높은 사람은 사람들에게 존중받고 반대인 사람은 그렇지 못하다. 자존감의 근거는 사실 없다. 그 어디에도 절대적으로 객관적인 세계는 존재하지 않는다. 자존감의 실체는 멘탈이다. 능력의 차이가 아니다. 절세미인으로 태어나도 자존감이 없는 사람도 있고, 미인도 아닌데 자신을 최고의 미인이라 생각하며 스스로를 대접하는 사람도 있다. 즉, 자신을 어떻게 바라보냐의 차이가 멘탈의 강도가 되는 것이다.

자존감이 낮은 사람들의 경우 근본적인 원인은 다른 사람과 자신을 비교하면서 열등감을 갖는 것이다. 하지만 기억하자. 세상에 완벽한 사람은 없다. 사람이라면 누구나 존중받을 권리가 있다. 그리고 그 누구보다도 자기 자신을 존중해야 한다. 그래서 멘탈 트레이닝의 첫 번째 코스가 자신을 충분히 이해하고 충분히 잘 알아주는 것이다. 자신을 잘 이해하는 사람일수록 자존감이 높고 멘탈이 강하다.

단점만 가득한 사람도 없고 강점만 있는 사람도 없다. 단점이 많아도 놀라운 강점이 있을 수도 있고, 강점이 가득한 듯 해도 사실 알고 보면 치명적인 약점이 있는 사람도 많다. 우리는 모두 그런 자아를 존중해야 한다. 자신의 단점을 있는 그대로 받아들여라. 그 정도의 단점은 인간으로 태어났다면 누구나 가지고 있다. 우리가 집중해야 할 것은 자신의 단점이 아닌 강점이다.

자신을 존중해야 하는 이유를 알았다면 지금 당장 단점에 포커스를 맞추는 것을 중단하자. 자신을 존중하지 않는다는 것은 자신의 타고난 자신의 자원과 재능을 썩혀버리는 일과 같다. 자신의 능력이 부족한 것 같고, 큰일을 하기엔 모자라다는 인식으로 자아를 바라보면 자신을 있는 그대로 존중하지 못한다.

진정한 자기존중은 자신을 있는 그대로 바라보며 존중하며 사랑하고 아끼는 것이다. 인간은 신의 모습대로 창조된 존재이며 세상 만물을 다스릴 권한이 있다. 또한 인간이라면 누구나 타고난 자원과 자신만의 재능이 있다. 높은 연봉을 받기 위해서는 죽어라 일에 매진하고 힘겨운 노력을 해야 하는 것으로 알고 있지만 사실 성공은 자신 안의 고유의 잠재력을 폭발시키는 것이다. 잠재력을 일깨우려면 자신을 존중하는 마음부터 시작한다. 물질적인 풍요도, 정신적인 여유로움도 모든 시작은 자기자신을 존중하는 것이다. 풍요의 문을 여는 열쇠를 찾고 있다면 바깥에서 구하지 말고 자신의 내면을 발굴하라. 우리의 내면에 잇는 자원과 재능이 바로 진짜 자신의 모습이며 풍요의 원천이다.

자신을 의심하는 사람은 마치 적군에 가담하여 스스로에게 총을 겨누는 사람과 같다.

— 알렉산더 뒤마 —

멘탈 트레이닝

손정의!
그 탁월함의 비결은 자성예언

스스로 자신의 미래에 대해서 확언하는 것을 자성예언이라고 한다.
말 속에는 에너지가 있다. 따라서 말의 에너지를 효과적으로 잘 다
루어야 한다. 나쁜 말은 화가 되고 좋은 말은 복이 된다. 누군가에게
칭찬을 들으면 기분이 좋아지고 기운이 난다. 반대로 욕설을 들으면
기분이 나빠지고 기운이 빠진다. 말에 에너지가 있기 때문이다. 자
성예언의 효과를 얻으려면 어린 시절부터 일찌감치 시작하는 편이
좋다.

어린 아이들은 어른들의 말을 그대로 받아들인다. 이 시기에 어른
들로부터 "놀랍구나. 너는 정말 똑똑해. 어쩜~ 어떻게 그렇게 뭐든
지 잘하니?"라는 말을 지속적으로 들으면 이것은 잠재의식에 각인된

다. 그래서 이 말은 아이의 정신세계를 지배하게 된다. 즉, 나는 무엇이든지 잘하고 똑똑한 사람이라는 생각을 가지게 되며 무의식적으로 자신감이 넘치는 사람으로 성장하게 된다. 아이들은 어른들로부터 받은 칭찬을 사실이라고 믿고 이를 잠재의식에 저장해버린 상태이기 때문에 이 아이의 행동에 커다란 영향을 주게 된다. 그리고 이 잠재의식은 성장과정과 함께 아이의 신념으로 전환된다. 교사가 많은 집에 교사가 되는 아이가 많고 의사가 많은 집에 의사가 되는 아이가 많은 것도 직업에 대한 잠재의식이 현실로 나타난 결과다.

멘탈 트레이닝의 하나인 자성예언은 자신이 원하는 미래에 대한 확고하고 명료한 이미지를 멘탈에 지속적으로 주입한다. 자성예언을 자녀교육에 활용한 사람이 있다. 일본 최고의 부자를 아들로 둔 손정의의 아버지다. 손정의는 일본 최대 소프트웨어 유통회사이자 IT투자기업의 설립자이다. 그는 소프트뱅크로 세계적인 인터넷 부호가 되었다. 현재 소프트뱅크의 시가총액은 82조 원이다.

손정의는 재일교포로 판자촌 출신이었다. 손정의의 할아버지 손존경은 일본에서 광산 노동자로 일했으며, 아버지 손삼헌은 돼지를 키우는 일과 생선 행상으로 가족들의 생계를 이어갔다. 재일교포는 일본에 살고 있지만 국적이 한국이다. 따라서 일본 회사에 취직하는 것도, 일본 사회에서 공직에 들어가는 것도 사실상 불가능했기에 안

멘탈 트레이닝

정적인 소득원을 갖는 경우가 적었다. 손정의의 아버지도 그런 환경에서 아이를 셋이나 낳고 키웠다. 경제적으로 어려운 집안일수록 아이들은 열패감을 갖고 자존감을 잃기 쉬운데 손정의는 달랐다. 유치원 친구들에게 '조센징'이라 놀림을 당하고 머리에 돌을 맞아 피를 흘리면서도 자신감 만큼은 잃지 않았다.

그 이유는 손정의의 아버지가 어린 손정의에게 지속적으로 반복적인 일관된 생각을 주입시켰기 때문이다.

"너는 커서 반드시 훌륭한 인물이 될거야."
"천재일시노 모른나."
"일본 최고의 인재가 될 것이다."

즉, 손정의의 무의식에는 훌륭한 인물, 천재, 일본 최고의 인재 등이 이미 셋팅되어 있었다. 이와 같은 멘탈 훈련을 받고 자란 손정의는 어떤 성장과정을 거치게 되었을까?

손정의의 성장과정은 평범하지 않았다. 고등학교 시절 감동 깊게 읽은 책을 쓴 저자를 만나러 기차로 10시간 이상 걸리는 도쿄까지 가기도 했고, 이 시절에 미국유학을 결정하고 행동에 옮겼다. 미국에 가서는 3주 만에 고교과정을 끝내고 바로 대학에 입학했다. 대학에서는 경제적인 독립을 목표로 세우고 하루 5분 동안 생각한 결과를 가지고 특허를 취득해 샤프에 특허권을 4억 원에 팔았다. 그는 이미 20대 초반에 사업으로 이름을 떨치고 유명해졌다.

손정의는 남다른 발상을 통해 무조건 도전해보는 것을 선택했다. 실패할까봐 두려운 나약한 멘탈이 아니었기 때문이다. 손정의는 자신이 하고 싶다는 의지가 있으면 일단 행동으로 실행했다. 도전해서 손해볼 것이 없다는 것을 잘 알고 있었다.

어린 시절부터 아버지로부터 훈련받은 손정의의 강철 멘탈은 위기마다 빛을 발하게 된다. 손정의는 26세에 사업자금으로 10억원의 빚과 임신한 아내, 어린 딸이 있는 상태에서 급성간염 판정을 받고 입원하게 된다. 이미 사업은 크게 벌려놓았고, 해결해야 될 일이 산더미인 상태에서 심각한 건강 위기가 온 것이다. 하지만 손정의는 절망하지 않았다. 그는 절망 대신 자신의 현재 상황을 다른 관점에서 보았다. 병원에 있어야 하는 것은 어쩔 수 없는 일이니 멘탈을 수련할 수 있고, 멘탈에 양식이 될 수 있는 책 읽기를 선택한 것이다. 손정의는 3년 동안의 병원 생활에서 거의 전 분야에 걸쳐 3천 권의 책을 보았다고 한다. 그 때 읽은 책의 위력은 병마를 이겨낼 수 있는 강인한 멘탈을 만들어 주었고 3년 만에 사업가로서 복귀하는 토대가 됐다.

손정의의 승부사 기질은 투자에서도 여실히 드러났다. 승부사가 되려면 상황 판단에 냉철해져야 하고, 그 냉철함을 기르기 위해서는

멘탈 트레이닝

강한 멘탈이 필요하다. 손정의는 야후의 설립자 제리 양과 친분이 있었다. 제리 양은 중국을 방문해 마윈이라는 영어강사 출신의 인터넷 사업가를 만나게 된다. 제리 양을 통해 마윈을 소개받은 손정의는 제리 양과 함께 마윈의 인터넷 사업에 우리나라 돈으로 200억 원을 투자하게 된다. 최근 마윈의 알리바바가 미국 증시에 상장하게 되면서 200억 원을 투자했던 손정의는 14년 만에 65조 원의 돈방석에 앉게 됐다.

손정의의 통 큰 투자는 마윈과 '5분의 만남'으로 결정된 것이었다. 이제 막 사업을 시작한 30대 중반의 마윈은 베이징을 찾은 손정의에게 자신의 사업계획을 말했다. 얘기를 시작한 지 4, 5분도 되기 전에 손정의는 투자를 하겠다고 말했다. 이미 40번 가까이 투자 요청을 거절당했던 마윈은 어리둥절했다. 손정의는 "사업하는데 돈이 방해가 되지 않아야 한다"면서 "2천만 달러를 투자하겠다"고 약속했다. 손정의는 그 당시 투자에 대해서 "동물적으로 냄새를 맡았고 눈빛으로 결정했다"고 말했다.

결국 손정의가 어린 시절부터 아버지로부터 배운 자성예언의 힘은 그를 일본 최고의 부자로 세웠고 그 힘은 빈털털이 인터넷 사업가였던 마윈에게도 적용됐다. 단 5분의 만남에서 손정의는 마윈에게 자성예언을 했고, 그 예언은 모두 현실이 되었던 것이다. 그는 진정으로 자성예언의 힘을 알고 멘탈의 파워를 인생에 충분히 활용한 진정한 멘탈 강자다.

세상을 지배하는
멘탈 강자들

멘탈의 약자들은 세상이 자신을 지배하게끔 내버려 두지만 멘탈의 강자들은 세상이 자신을 지배하는 것을 참지 못한다. 이는 내면에 있는 거대한 자신감 때문이다. 그들의 잠재의식은 이미 세상을 지배하는 리더라는 생각을 내면에 각인한 채 오랜 시간을 보냈다. 최고의 자아 이미지가 잠재의식에 깊숙하게 각인되면, 인간의 내면은 폭발적인 에너지를 발산하기 시작한다.

스티브 잡스는 사용하기 불편한 대부분의 전자 제품을 쓰레기라고 규정했다. 애플 직원들에게는 이런 말을 했다고 한다. "우리가 쓰고 있는 전자제품들은 우리보다 못한 사람들이 만든 결과물이다. 적당히 괜찮은 것은 괜찮은 게 아니다."

멘탈 트레이닝

스티브 잡스는 이분법적 사고를 즐겨했다. 그가 애플 직원들을 평가할 때도 단 두 가지로 나누었다. 천재가 아니면 머저리. 이처럼 스티브 잡스는 언사에 거침이 없었다. 디자이너들에게 멍청하다는 표현은 일상다반사였다. 애플의 맥 OS의 유저 인터페이스UI 에 대해 설명할 때는 이런 표현도 썼다. "우리가 만든 화면의 버튼들은 너무 맛있어 보여서 핥고 싶은 충동이 들 지경이다." 이처럼 그의 지치지 않는 완벽주의와 강렬한 카리스마는 거침없는 말이나 행동으로 표출되었다. 이는 멘탈 강자들의 전형적인 특징인데, 과도한 내면의 자신감이 말이나 행동으로 표현되는 것이다.

애플은 시장 조사나 소비자 테스트를 하지 않기로 유명하다. 이를 두고 스티브 잡스가 즐겨 쓰던 인용구가 있다. 대량생산 방식으로 자동차를 대중화한 미국의 자동차 회사 '포드Ford '의 설립자 헨리포드가 했던 말이다.

내 고객들에게 무엇을 원하느냐고 물으면 보다 빨리 달리는 말을 원한다고 대답했을 것이다.

– 헨리 포드 –

그는 제품을 개발할 때 철저하게 내면의 신념을 따랐다. 이를 두고 애플의 기업 전도사를 자처했던 카와사키는 이런 말을 했다.「잡스처럼 일한다는 것」린더 카니 지음 에서 인용

"스티브 잡스는 시장 조사를 하지 않습니다. 자신의 우뇌가 좌뇌에게 피드백을 제공하는 것. 그것을 시장조사라고 생각하지요."

스티브 잡스는 결코 타협하지 않는 것으로도 유명하다. 타협은 쉽다. 현실에 타협하는 것도, 주변 사람들과 적당히 의견을 타협하는 것도 쉽다. 기존의 체제 안에 녹아들어 자신의 꿈을 적당히 타협하는 것도 쉬운 선택이다. 하지만 멘탈의 강자들은 타협을 거부한다. 세상을 쉽고 안전하게 살아가고 모든 사람들이 선택하는 길을 걸어가는 것을 거부한다. 세상의 모든 사람들이 오른쪽으로 간다 해도 왼쪽으로 가라고 내면에서 외친다면 멘탈 강자들은 결코 오른쪽으로 가지 않는다.

스티브 잡스를 능가하는 혁신적인 인물이라는 평가를 듣는 엘론 머스크 또한 현실과 타협을 거부해온 행보로 사람들을 놀라게 했다. 엘론 머스크는 공공연하게 자신의 목표를 이렇게 단언했다.

"내 목표는 10~15년 뒤에 우주선을 타고 화성에 가는 것입니다. 착륙하다가 죽는 것은 제외하고요."

엘론 머스크는 인류의 미래는 우주에 있다며 2030년에 인류를 화성에 이주시킬 것이라고 했다. 엘론 머스크의 그동안의 행보를 모르는 사람이라면 공상과학같은 현실성 없는 이야기라고 판단하겠지만 엘론 머스크는 항공우주산업의 운영 비용을 획기적으로 줄인 '스페이스 X'라는 회사를 창업해 민간우주업체 최초로 우주 정거장에 우주선을 보냈고, 우주택시 사업자로도 선정되었다. 엘론 머스크의 사업 영역은 우주 항공뿐만이 아니다. 그는 전기차 TESLA Motors, 청정에너지 Solar City 등 신규분야를 빠르게 선점하고 있다. 실제로 테슬라 전기자동차는 미국의 부호들과 헐리웃 스타인 레오나르도 디카프리오, 조지 클루니 등이 몇 달간 예약을 하며 기다리는 차로 유명세를 탔다.

엘론 머스크는 이미 대학생 시절 인터넷 전자 결제 업체인 'Paypal'을 창업하고 이를 이베이에 15억 달러 1조 6천억원에 매각한 바 있다. 이 매각대금으로 엘론 머스크는 자신이 꿈꿔왔던 사업들을 펼쳐나가기 시작한다. 하지만 엘론 머스크의 이런 혁신적인 행보가 늘 순탄했던 것만은 아니다.

엘론 머스크가 전기자동차 회사를 설립했지만 전기자동차를 양산하기 위한 시스템, 사회 인프라 문제 등 많은 시행착오를 겪었다. 이를 두고 언론에서는 "엘론 머스트가 페이팔의 성공에 도취해 무모한 도전을 했다"며 그를 비판했다. 하지만 후에 테슬라의 전기자동차 '모델S'는 시장에서 엄청난 호평을 받으며 소비자 전문지 컨슈머리포트 2012년에서 올해의 자동차로 선정되기에 이른다.

스트레스마저도 즐기는 것은 멘탈 강자들이 보이는 특징이다. 멘탈의 강자들은 스트레스를 설레는 감정으로 변환시킨다.

한국인 최초의 메이져리거인 박찬호는 사람들이 스스로를 영웅이라고 불러보아야 한다고 했다. 개인이 자신의 삶에서 영웅이 되어야 하며 스스로 영웅이 되어서 그 안에서 꿈을 꾸고 기쁨을 찾아야 한다는 것이다. 영웅이란 스스로의 삶을 만들고 자신을 긍정하는 사람이라며 영웅이 되기 위해서는 스스로를 영웅으로 부르는 것부터 시작한다고 했다.

멘탈 트레이닝

멘탈 '갑'으로
거듭나자

자신에 대한 이해가 높은 사람들은 이기적이다. 여기서 이기적이라는 의미는 자신의 욕구를 정확하게 파악하고 있기 때문에 자신이 하고 싶은 대로 산다는 이야기이다. 이기적이라는 단어 자체가 주는 뉘앙스 때문에 선입견을 가지는 것은 잠시 보류해두자. 사람은 누구나 사회와 환경의 영향을 받는다. 시간의 흐르고 어른이 되면 어느새 자신의 욕구를 잊은 채 사회적 시계에 자신을 끼워 맞춰 살고 있음을 깨닫게 된다. 자신에 대한 몰이해는 곧 자신의 욕구에 충실하지 못하는 삶을 살아가게 된다는 의미이다. 이러면 인생이 불행해진다. 자신이 아닌 타인의 삶을 살고 있는데 행복한 사람이 어디 있겠는가. 삶은 자기답게 살아가려면 이기적인 삶이 필요하다. 인간이라면 누구나 자신만의 개성과 욕구를 실현해야 행복해진다.

있는 그대로의 자신을 인정하라. 남의 눈치를 볼 필요는 없다. 눈치만 보다가 시간은 흐르고 인생은 자꾸만 짧아진다. 자신의 순수한 욕구와 개성을 실현하기 위해서는 다소 이기적인 태도를 견지할 줄 알아야 한다. 사회적인 존재로서의 의무감이나 세상의 상식은 내려놓고 진짜 자신이 원하는 것을 추구하며 살아야 한다. 중요한 것은 "할 수 있다"나 "할 수 없다"가 아닌 "하고 싶다"이다. 마음속 깊은 속에 감춰진 솔직한 욕구를 가감 없이 꺼내어보라.

일등이 되기도 힘든 세상이지만 이런 사회에서도 자신의 욕망에 충실하고 이기적인 사람이 있다. 『괴물』『타짜』『달콤한 인생』 등의 영화 포스터 사진을 찍은 사람, 사진작가 조선희를 가르친 사람. 세계 각지에서 그의 제자가 되고 싶다며 찾아오는 사람. 그는 바로 사진작가 김중만이다.

김중만은 두 번의 해외추방과 정신병원 감금 등 영화 같은 굴곡진 인생을 살아왔다. 하지만 그는 자신의 개성과 욕구에 충실한 삶을 살았고, 남들과는 다른 길을 걸었다. 2000년대 최고의 상업 사진 작가로 전성기를 보내며 대한민국 최고의 사진작가, 아름답지 않은 것을 아름답게 찍는 작가라는 명성을 누리던 어느 날, 그는 결심을 하게 된다. 더 이상 상업사진을 찍지 않겠다는 것이다. 그 후 그는 아프리카의 기아와 질병에 시달리는 아이들을 위한 후원 활동과 세계 오지를 다니며 자유롭게 사진을 찍으며 작품 활동을 하고 있다. 그

멘탈 트레이닝

는 남들이 뭐라고 하던지 자신의 길을 간다는 다짐을 했다.

김중만의 이런 비상업적인 행보는 사람들의 마음을 움직였다. 김중만이 압구정의 한 보석가게에서 에머랄드 귀걸이를 맞췄는데 그 귀걸이의 가격은 5천만 원이었다. 하지만 보석가게 주인은 김중만을 응원하며 선물을 하고 싶다며 그 귀걸이를 20만 원에 팔았다고 한다.

그는 상업사진 작가로 연 17억 원을 벌었지만 상업사진 찍는 것을 그만 두고 나서 수입이 1년에 5천만 원으로 줄었다. 이렇게 자신의 순수한 욕망에 충실할 때, 사회적인 시계에 저항할 수 있을 때, 사람들을 감동시키는 세상에 없는 유일무이한 존재인 단 한사람이 될때, 비로소 사회는 이들에게 열광한다. 이렇게 자신의 욕구와 욕망에 순수하게 반응하고, 우직하게 자신의 길을 묵묵히 걸어가는 것만이 결과적으로 한 번밖에 없는 소중한 인생을 누구보다도 '이기적이고 영악하게' 살아가는 길임을 알아야 한다.

멘탈 트레이닝은 자신의 사고방식을 근본적으로 변화시키는데 목적이 있다. 성공적인 인생의 원인에는 노력이나 의지, 근성 등과 같은 요인도 있지만 그 모든 원인보다 상위의 있는 것이 바로 멘탈이다. 인생의 성취에 근본적인 원인을 제공하는 멘탈을 개선하지 않는 한, 인생의 단계 혹은 고비마다 그 어려움을 헤쳐 나가는 것이 쉽지 않을 것이다.

평범한 사람이 갑자기 어느날 노벨상을 받을 만큼 업적을 이루기도 어렵고 야구를 전혀 하지 않은 사람이 홈런을 날리기도 불가능하다. 하지만 노벨상을 받고, 프로야구에서 홈런을 날리는 사람들의 심리 상태나 심리적인 태도를 습득하는 것은 가능하다.

당장 스티브 잡스처럼 멘탈 강자가 될 수는 없지만 스티브 잡스의 자신감 넘치는 표정이나 일에 대한 열정은 흉내 낼 수 있다. 멘탈 강자들의 사고방식을 모조리 복제하는 것도 마음만 먹으면 당장 실행해 볼 수 있다.

자신이 컨트롤할 수 있는 것은 무엇인가? 환경과 세상을 보고 우왕자왕하지 말고 자신을 깊숙히 들여다 보라. 내가 할 수 있는 것은 무엇인가? 오직 그것 하나에 집중하라. 내가 할 수 없는 것은 관심을 갖지 않는 것이 좋다. 내가 컨트롤 할 수 없는 것에 대해 집착하려 하면 삶이 피폐해질 뿐이다.

타인은 내가 컨트롤할 수 없다. 세상과 환경도 마찬가지다. 하지만 나는 내 마음을 컨트롤할 수 있다. 시간이 주어진다면 나의 능력과 역량 또한 컨트롤 할 수 있다. 무엇인가 집중해서 결과를 만들어 내려면 컨트롤 할 수 있는 것에 포커스를 맞추어야 한다.

다음 질문에 대답을 해보면서 우리가 무엇을 조종할 수 있는지 생각해보자.

멘탈 트레이닝

✒ 나는 무엇을 컨트롤할 수 있는가?

1 가족

2 배우자

3 자식

4 부모

5 직장 상사

6 직장 동료

7 세상

멘탈의 강자들은 환경이나 조건을 탓하지 않는다. 오히려 악조건도 자리에게 유리하도록 만들게 하는 심리적인 기술이 있다. 혹시 당신은 현재 상황에 대하여 외부의 탓으로 돌린 적이 있는가?

"우리 집이 가난해서 내가 공부를 계속하기가 힘들었어."

"내가 돈이 없는 까닭은 사회구조 탓이야."

"이런 불경기에는 사업이 잘 될 리가 없어."

"내가 재능이 없는 것은 유전적인 영향이 커."

"나는 성공하기에는 체력이 약해."

'잘되면 내 탓, 못되면 조상 탓'이라는 말이 있다. 멘탈의 강자들은 악조건마저 자기편을 만든다.

글로벌 거대 패스트 푸드 업체인 맥도날드를 제치고 일본 제1의 햄버거업체로 올라선 기업이 있다. 동네 햄버거집 수준인 작은 창고를 빌려 시작한 이 업체는 근처에 거대한 맥도날드가 오픈한다는 소식을 듣는다. 그때가 1970년대였다. 작은 햄버거집의 주인은 아무리 생각해도 규모면에서는 맥도날드를 능가하지 못하겠다는 결론을 내렸다. 악조건은 규모뿐만이 아니었다. 맥도날드는 햄버거를 만드는 속도도 동네의 작은 햄버거 가게보다 훨씬 빨랐다. 맥도널드가 오픈을 하면 동네 사람들은 대부분 맥도널드에 가서 햄버거를 사먹을 게 뻔했다. 하지만 이 업체의 주인인 사쿠라다 사토시는 그런 악조건 속에서도 자신만의 강점을 찾는데 집중했다. 맥도날드가 할 수 없고 자신만 가능한 것은 햄버거 하나를 만드는데 들어가는 정성과 고객을 대하는 태도라고 확신했다.

사쿠라다 사토시는 맥도날드가 오픈하는 날 동네 사람들에게 햄버거 할인 쿠폰을 만들어 뿌렸다. 동네 사람들은 자신의 진심을 알아줄 것이라 믿었다. 맥도날드가 오픈하던 날, 믿을 수 없는 일이 벌어졌다. 맥도날드보다 동네의 햄버거 가게에 훨씬 사람들이 많이 찾아왔던 것이다. 동네 주민들이 맥도날드에 기죽지 말라며 응원까지 해주었다. 심지어 하루에 두 번씩 찾아오는 고객도 있었다.

이 업체는 창립 30년이 흐른 지금도 맥도날드보다 일본 국민들의 사랑을 받고 있는 햄버거, 바로 모스버거다. 모스버거는 철저하게 자신들이 컨트롤할 수 있는 것에 집중했다. 어차피 규모와 속도와 가격면에서는 다른 글로벌 패스트푸드와 경쟁상대가 되지 않다는 것을 간파했다. 대신 모스버거는 버거의 본질에 집중했다. 정성을 들여 제대로 만들고 좋은 식재료를 쓰는 햄버거를 만드는 것은 모스버거가 충분히 컨트롤할 수 있는 영역이었다.

모스버거의 창업자 사쿠라다 사토시는 맥도날의 강점인 규모와 속도의 단점을 정확히 꿰뚫어 보고, 이를 기반으로 모스버거가 가지고 있는 역량을 더욱 강화한 것이다.

지옥 같은 상황을 오히려 기회로 반전시킨 멘탈 강자들의 사고방식은 악조건조차 역량 강화의 계기로 만들어버리는 방법을 만든다. 사신이 컨트롤할 수 있는 것에 바로 기회가 숨어있다. 이 기회를 보려고 하지도 않고 최악의 상황으로 만드는 것의 원인은 오히려 환경보다 스스로의 마음가짐에 달려있다.

MENTAL TRAINING

실전 100일!
4단계
멘탈 트레이닝

Note

⋮

PART

6

단계별
멘탈 트레이닝 기법

멘탈 트레이닝을 하기 위해서는 루틴 routine 이 필요하다. 그리고 이 루틴을 하루도 빼먹지 않고 실천하는 것이 루틴 자체보다 더 중요하다. 루틴의 사전적인 의미는 규칙적으로 하는 일의 통상적인 순서와 방법이란 뜻이다. 하지만 멘탈 트레이닝에 있어서 루틴은 최상의 수행을 하는데 필요한 이상적인 상태를 갖추기 위해 실행하는 정신적인 행위를 말한다.

우리가 원하는 멘탈 '갑'으로 거듭나기 위해서는 4단계의 멘탈 트레이닝을 100일간 성실히 수행해야 한다. 그리고 이 100일간의 과정은 기록으로 반드시 남겨두어야 한다. 100일 동안의 멘탈 트레이닝의 결과를 간략하게라도 꼭 기록으로 남겨두어야 멘탈 트레이닝의 효과를 객관적으로 파악할 수 있다. 멘탈 트레이닝 4단계 코스를

멘탈 트레이닝

완수할 때까지 기록을 해야 한다. 그때 그때 떠오르는 느낌이나 생각도 바로 기록하는 습관을 갖자. 멘탈 트레이닝은 단기간에 쉽게 끝내거나 단박에 효과를 볼 수 있는 것이 아니다. 평생 동안 굳어져 온 정신적인 습관을 바꾸는 것이 짧은 시간에 가능하지 않다. 멘탈 트레이닝을 꾸준히 해 체화될 때까지 연마해야 한다.

4단계 멘탈 트레이닝은 멘탈 트레이닝을 하는데 있어서 가장 기초적인 루틴이다. 이 루틴의 실행 기간은 총 100일로 100일 간의 4단계 루틴이 끝나면 다시 1단계로 돌아가 총 200일간 지속하는 것이 좋다. 4단계 코스를 거치는 100일 간은 멘탈을 강화하는 자아 이미지를 무의식으로 침투 하는 훈련을 할 것이나. 그리고 이 침투된 무의식이 어떤 문제를 해결할 수 있는지 실험해보고, 인간의 감정과 정신에 어떤 의미를 부여할 수 있는지 멘탈 컨트롤을 하게 될 것이다.

멘탈 트레이닝의 기초 과정인 4단계 멘탈 트레이닝은 잠재의식에 생각의 습관을 각인하는데 그 목표가 있다. 현실에 어떤 상황에 있더라도 잠재의식에 각인된 생각의 습관으로 인해 항상 최고의 내가 지향하는 방향으로 멘탈을 컨트롤 할 수 있을 것이다.

멘탈 트레이닝을 하는 마음가짐은 최대한 자연스럽고 편안한 상태에서 하는 것이 좋다. 멘탈 트레이닝을 하고 어떤 결과를 꼭 얻으려 하면 오히려 역효과가 날 수 있다. 스트레스나 압박감, 긴장감은 멘탈의 적이다. 무엇보다도 멘탈 트레이닝을 효과적으로 하려면 긴장을 풀고 자연스럽고 편한 마음가짐으로 해야 한다. 이 트레이닝의 모든 단계는 잠자기 15분 전에 하고 기록은 다음날 잠에서 깨어난 직후에 적어두는 것을 원칙으로 한다. 잠자기 전 15분은 무의식에 최고로 영향을 미치는 시간이다. 잠들기 전에 잠재의식으로 보내는 메시지를 보내면 잠재의식은 그 메시지를 명령으로 인식한다.

　잠에서 깨어난 직후는 무의식에서 일어났던 일을 잊지 않고 기록하자. 잠에서 깨어난 시간이 흐르면 흐를수록 잠재의식에서 일어났던 일은 잊혀져 간다는 것을 기억하라.

나는 누구인가

🖋 자신이 가진 자원을 파악하라

멘탈 트레이닝에서 중요한 역할을 하는 것이 1단계인 자아탐색의 시간이다. 나를 알지 못하고, 내가 가진 자원이 무엇인지 파악하지 못한다면 멘탈 트레이닝의 전 과정이 헛수고가 된다. 그만큼 자아에 대한 철저한 성찰과 탐색이 필요하다. 첫 번째 단계에서는 온전하게 자신의 내면과 마주해야 한다. 그동안 자신은 어떤 의식을 가지고 살아왔는지, 어떤 의식을 갖고 살고 싶은지 순수한 자신의 내면의 욕구에 충실해져야 한다. 그래서 1단계 멘탈 트레이닝을 실시하는 동안에는 가급적 신문, 방송, 인터넷, 사람들과의 친목 모임과는 거리를 두는 것이 좋다. 이 시기에는 오로지 자신에게만 집중하도록 한다. 우리가 살면서 한 달 가까운 시간 동안 미디어와 거리를 두고 주변 사람들과 거리를 두고 나 자신에 대해서 깊이 탐색해볼 시간이 있었는가? 외롭고 고독해야 비로소 나와 친해질 수 있다.

나의 과거에 대해서도 기억을 더듬어 봐야한다. 어린 시절에 어떤 성장과정을 거쳤는지, 그것이 현재의 삶에 어떤 영향을 주었는지 말이다. 또한 어린 시절에 나타났던 재능, 꿈에 대해서도 진지하게 돌아보자. 여기서 자원은 물질적인 것을 의미하는 것은 아니다. 자원은 자신의 내면에 자리 잡고 있는 독특한 개성이다.

과거의 자신을 토대로 현재의 자신의 환경이 어떻게 형성되었는지를 깊이 생각해보라. 또한 현재의 자신은 어떤 미래를 만들어 나가고 있는지도 점검해볼 필요가 있다. 1단계 멘탈 트레이닝에서는 참 자아를 찾는 것이 목적이다. 사람은 모두 고귀한 존재로 태어났으며 타고난 잠재력이 있다. 사람은 누구나 모두 다른 재능과 자원을 가지고 태어난다. 이 잠재력은 쉽게 발견되기도 하지만, 죽는 그 날까지 발견되지 못하기도 한다. 운 좋게 재능을 발견하고도 그것을 끝내 꽃피우지 못할 수도 있다. 일단 자신이 타고난 자원과 재능을 발견했다는 것만 해도 절반은 성공한 셈이다. 자신이 가진 재능이나 자원을 개발하지 않는 것은 곧 인간으로서의 유일무이함을 포기한 것이나 다름없다.

자신에게 온전히 집중했을 때 느끼는 감정들도 기록하라. **멘탈 트레이닝은 행복해지기 위해서 하는 것이다.** 멘탈 트레이닝 자체가 즐거운 과정이 되어야 한다. 그러기 위해서는 결과에 집착하지 않도록 한다. 과정은 컨트롤 하더라도 결과는 하늘에 맡기는 것이 좋다. 멘탈의 강자들은 결과에 집착하지 않았다는 사실만 보아도 결과에 집착하는 것이 얼마나 멘탈에 해로운 일인지 알 수 있다.

자신의 자원을 제대로 파악한 사람은 이미 그 자체로 행운이기 때문에 자신감이 넘쳐날 수 밖에 없다. 자신을 제대로 파악했다면 남의 흉내를 내고 살지 않아도 된다. 또한 다른 사람의 재능과 성공을 부러워하지 않아도 된다. 자신의 삶을 충실하게 살고 싶다면 무엇보다 먼저 자신이 가진 행운의 자원이 무엇인지 아는 것이 첫걸음이다.

자신에게 집중해서 자신이 가진 자원과 재능의 문을 활짝 열어라.

★ 단계별 멘탈 트레이닝 기록 작성 예시 (독자들의 실제 작성 내용을 옮김)

1단계 멘탈 트레이닝 [00 일]

❶ 나는 누구인가?

나는 항상 밝고 무엇이든 열심히 하는 긍정의 아이콘이다. 나는 어제보다 더 나은 오늘의 '나'가 될 수 있도록 노력한다.

❷ 나는 어떤 성장 과정을 거쳤는가? 그 성장과정이 현재의 나에게 준 영향은 무엇인가?

아까 본 조비의 'It's my life'를 우연히 듣고 생각난 건데, 대학생이 되기 전까지 음악이 항상 내게 즐거움을 주는 존재였다. 기분이 좋지 않을 때 좋아하는 노래를 들으며 립싱크를 하면 그 가수의 신나는 감정이 내게 전달되는 것 같아 스트레스를 받으면 그 방법을 썼었다. 시간이 갈수록 직접적으로 음악을 연주하지 않고 노래 듣는 것도 클래식으로 바뀌었다. 하지만 음악은 삶을 풍요롭게 해주는 멋진 조미료이고 추억들을 노래와 함께 기억할 수 있다는 건 내가 가진 행복 중 하나인 것 같다. 쓰다 보니 감사함이 느껴진다.

❸ 내가 가진 자원은 무엇인가? 나는 어떤 것에 재능이 있나?

한 곳에 오래 앉아있기. 몸을 움직이는 것을 좋아하지도 않고 행동이 재빠르지는 않지만 끈기 있게 버틸 수는 있다. 발표, 말로 생각 표현, 즉흥 연기. (남편이 옆에서 '잔소리'라고 한다. -_-)

❹ 어렸을 때 어떤 자성예언을 했는가?

멋진 커리어우먼이 되어 있을 것 같았다. 일을 너무나도 사랑하는.

❺ 그동안 살아오면서 나의 심리적 환경은 어떠했는가?

나는 정말 평범한 가정에서 자랐다. 따뜻한 엄마, 엄격하신 아빠.(이력서에 쓰듯) 당연히 살다보면 힘든 일도 있었겠지만 가족과 지금의 남편이 있어 심리적인 안정감을 유지할 수 있었다. 집에 오면 엄마가 반겨주셨고, 저녁 시간이 되면 엄마, 여동생, 나 이렇게 셋이 주축이 되어 그날 있었던 일, 고민을 이야기하며 많이 웃었다.

❻ 나는 무엇을 할 때 자랑스러운가?

좋은 아이디어를 생각해내고 인정받아 받아들여질 때. 내가 애써 만든 것이 다른 이들에게 도움이 된다는 말을 들었을 때. 독서 한 권을 끝냈을 때

❼ 나는 무엇을 할 때 행복한 감정이 드는가?

숲을 걸을 때, 글을 쓸 때(레포트 포함), 맛있는 커피 마실 때, 내가 도움이 될 때.

❽ 나는 어떤 삶을 살고 싶은가?

행복하게! 자신있게! 나답게! 사랑하면서!

오늘의 멘탈 컨디션

100점 만점 기준으로 좋으면 100점에 가깝게, 좋지 않으면 0점에 가깝게 기입한다.

1 감정 상태	95 점	7 자아 몰입 지수	95 점
2 수면 상태	98 점	8 삶의 만족도	99 점
3 자아 존중감 지수	95 점	9 긍정 사고 지수	95 점
4 마음 안정 지수	95 점	10 의욕 지수	99 점
5 열정 지수	92 점	합 계	953 점
6 무의식의 상태	90 점	평균 멘탈 지수	95.3 점

꿈을 꾸었는가? 꾸었다면 어떤 내용이었는가?

꿈 속에서 아침에 일어나 멘탈 일지를 쓰고 있었다. 동생들도 보였고 엄마가 믹스커피를 사오라고 시키셔서 나갔다가 다시 돌아왔다. 다음 장면은 회사 면접 같았다. 교육인가? 담당자가 교육내용과 평가 방법을 설명해주었는데 옆에 앉은 여자가 자꾸 튀는 행동을 해서 피곤했다.

오늘 떠오르는 느낌이나 생각은 무엇인가?

왠지 모르게 기분 좋은 날. 오늘 하루도 아자아자!!

1 단계 멘탈 트레이닝 [1 일]

❶ 나는 누구인가? ~~~~~~~~~~~~~~~~~~~~~~~~~~~~~~~~~~~~~~~

❷ 나는 어떤 성장 과정을 거쳤는가? 그 성장과정이 현재의 나에게 준 영향은 무엇인가?

❸ 내가 가진 자원은 무엇인가? 나는 어떤 것에 재능이 있나?

❹ 어렸을 때 어떤 자성예언을 했는가? ~~~~~~~~~~~~~~~~~~~~~

❺ 그동안 살아오면서 나의 심리적 환경은 어떠했는가?

❻ 나는 무엇을 할 때 자랑스러운가?

❼ 나는 무엇을 할 때 행복한 감정이 드는가? ~~~~~~~~~~~~~~~~

❽ 나는 어떤 삶을 살고 싶은가? ~~~~~~~~~~~~~~~~~~~~~~~~~~

오늘의 멘탈 컨디션

100점 만점 기준으로 좋으면 100점에 가깝게, 좋지 않으면 0점에 가깝게 기입한다.

1 감정 상태 점	7 자아 몰입 지수 점
2 수면 상태 점	8 삶의 만족도 점
3 자아 존중감 지수 점	9 긍정 사고 지수 점
4 마음 안정 지수 점	10 의욕 지수 점
5 열정 지수 점	합 계 점
6 무의식의 상태 점	평균 멘탈 지수 점

꿈을 꾸었는가? 꾸었다면 어떤 내용이었는가?

오늘 떠오르는 느낌이나 생각은 무엇인가?

1단계 멘탈 트레이닝 [2 일]

❶ 나는 누구인가?

❷ 나는 어떤 성장 과정을 거쳤는가? 그 성장과정이 현재의 나에게 준 영향은 무엇인가?

❸ 내가 가진 자원은 무엇인가? 나는 어떤 것에 재능이 있나?

❹ 어렸을 때 어떤 자성예언을 했는가?

❺ 그동안 살아오면서 나의 심리적 환경은 어떠했는가?

❻ 나는 무엇을 할 때 자랑스러운가?

❼ 나는 무엇을 할 때 행복한 감정이 드는가?

❽ 나는 어떤 삶을 살고 싶은가?

오늘의 멘탈 컨디션

100점 만점 기준으로 좋으면 100점에 가깝게, 좋지 않으면 0점에 가깝게 기입한다.

1 감정 상태 ▨▨▨▨▨ 점	7 자아 몰입 지수 ▨▨▨▨▨ 점
2 수면 상태 ▨▨▨▨▨ 점	8 삶의 만족도 ▨▨▨▨▨ 점
3 자아 존중감 지수 ▨▨▨▨▨ 점	9 긍정 사고 지수 ▨▨▨▨▨ 점
4 마음 안정 지수 ▨▨▨▨▨ 점	10 의욕 지수 ▨▨▨▨▨ 점
5 열정 지수 ▨▨▨▨▨ 점	합 계 ▨▨▨▨▨ 점
6 무의식의 상태 ▨▨▨▨▨ 점	평균 멘탈 지수 ▨▨▨▨▨ 점

꿈을 꾸었는가? 꾸었다면 어떤 내용이었는가?

오늘 떠오르는 느낌이나 생각은 무엇인가?

1단계 멘탈 트레이닝 [3 일]

❶ 나는 누구인가?

❷ 나는 어떤 성장 과정을 거쳤는가? 그 성장과정이 현재의 나에게 준 영향은 무엇인가?

❸ 내가 가진 자원은 무엇인가? 나는 어떤 것에 재능이 있나?

❹ 어렸을 때 어떤 자성예언을 했는가?

❺ 그동안 살아오면서 나의 심리적 환경은 어떠했는가?

❻ 나는 무엇을 할 때 자랑스러운가?

❼ 나는 무엇을 할 때 행복한 감정이 드는가?

❽ 나는 어떤 삶을 살고 싶은가?

오늘의 멘탈 컨디션

100점 만점 기준으로 좋으면 100점에 가깝게, 좋지 않으면 0점에 가깝게 기입한다.

1 감정 상태 _____ 점	7 자아 몰입 지수 _____ 점
2 수면 상태 _____ 점	8 삶의 만족도 _____ 점
3 자아 존중감 지수 _____ 점	9 긍정 사고 지수 _____ 점
4 마음 안정 지수 _____ 점	10 의욕 지수 _____ 점
5 열정 지수 _____ 점	합 계 _____ 점
6 무의식의 상태 _____ 점	평균 멘탈 지수 _____ 점

꿈을 꾸었는가? 꾸었다면 어떤 내용이었는가?

오늘 떠오르는 느낌이나 생각은 무엇인가?

1단계 멘탈 트레이닝 [4 일]

❶ 나는 누구인가?

❷ 나는 어떤 성장 과정을 거쳤는가? 그 성장과정이 현재의 나에게 준 영향은 무엇인가?

❸ 내가 가진 자원은 무엇인가? 나는 어떤 것에 재능이 있나?

❹ 어렸을 때 어떤 자성예언을 했는가?

❺ 그동안 살아오면서 나의 심리적 환경은 어떠했는가?

❻ 나는 무엇을 할 때 자랑스러운가?

❼ 나는 무엇을 할 때 행복한 감정이 드는가?

❽ 나는 어떤 삶을 살고 싶은가?

오늘의 멘탈 컨디션

100점 만점 기준으로 좋으면 100점에 가깝게, 좋지 않으면 0점에 가깝게 기입한다.

1 감정 상태	점	7 자아 몰입 지수	점
2 수면 상태	점	8 삶의 만족도	점
3 자아 존중감 지수	점	9 긍정 사고 지수	점
4 마음 안정 지수	점	10 의욕 지수	점
5 열정 지수	점	합계	점
6 무의식의 상태	점	평균 멘탈 지수	점

꿈을 꾸었는가? 꾸었다면 어떤 내용이었는가?

오늘 떠오르는 느낌이나 생각은 무엇인가?

1단계 멘탈 트레이닝 [5 일]

❶ 나는 누구인가? ∼∼∼∼∼∼∼∼∼∼∼∼∼∼∼∼∼∼∼∼∼∼∼∼∼∼∼∼∼∼∼

❷ 나는 어떤 성장 과정을 거쳤는가? 그 성장과정이 현재의 나에게 준 영향은 무엇인가?
∼∼∼

❸ 내가 가진 자원은 무엇인가? 나는 어떤 것에 재능이 있나?
∼∼∼

❹ 어렸을 때 어떤 자성예언을 했는가? ∼∼∼∼∼∼∼∼∼∼∼∼∼∼∼∼∼∼∼∼∼

❺ 그동안 살아오면서 나의 심리적 환경은 어떠했는가?

❻ 나는 무엇을 할 때 자랑스러운가? ∼∼∼∼∼∼∼∼∼∼∼∼∼∼∼∼∼∼∼∼∼∼

❼ 나는 무엇을 할 때 행복한 감정이 드는가? ∼∼∼∼∼∼∼∼∼∼∼∼∼∼∼∼

❽ 나는 어떤 삶을 살고 싶은가? ∼∼∼∼∼∼∼∼∼∼∼∼∼∼∼∼∼∼∼∼∼∼∼∼∼

오늘의 멘탈 컨디션

100점 만점 기준으로 좋으면 100점에 가깝게, 좋지 않으면 0점에 가깝게 기입한다.

1 감정 상태		점	7 자아 몰입 지수		점
2 수면 상태		점	8 삶의 만족도		점
3 자아 존중감 지수		점	9 긍정 사고 지수		점
4 마음 안정 지수		점	10 의욕 지수		점
5 열정 지수		점	합 계		점
6 무의식의 상태		점	평균 멘탈 지수		점

꿈을 꾸었는가? 꾸었다면 어떤 내용이었는가?
∼∼∼

오늘 떠오르는 느낌이나 생각은 무엇인가?
∼∼∼

1 단계 ## 멘탈 트레이닝 [6 일]

❶ 나는 누구인가?

❷ 나는 어떤 성장 과정을 거쳤는가? 그 성장과정이 현재의 나에게 준 영향은 무엇인가?

❸ 내가 가진 자원은 무엇인가? 나는 어떤 것에 재능이 있나?

❹ 어렸을 때 어떤 자성예언을 했는가?

❺ 그동안 살아오면서 나의 심리적 환경은 어떠했는가?

❻ 나는 무엇을 할 때 자랑스러운가?

❼ 나는 무엇을 할 때 행복한 감정이 드는가?

❽ 나는 어떤 삶을 살고 싶은가?

오늘의 멘탈 컨디션

100점 만점 기준으로 좋으면 100점에 가깝게, 좋지 않으면 0점에 가깝게 기입한다.

1	감정 상태	점	7 자아 몰입 지수	점
2	수면 상태	점	8 삶의 만족도	점
3	자아 존중감 지수	점	9 긍정 사고 지수	점
4	마음 안정 지수	점	10 의욕 지수	점
5	열정 지수	점	합 계	점
6	무의식의 상태	점	평균 멘탈 지수	점

꿈을 꾸었는가? 꾸었다면 어떤 내용이었는가?

오늘 떠오르는 느낌이나 생각은 무엇인가?

1단계 멘탈 트레이닝 [7 일]

❶ 나는 누구인가?

❷ 나는 어떤 성장 과정을 거쳤는가? 그 성장과정이 현재의 나에게 준 영향은 무엇인가?

❸ 내가 가진 자원은 무엇인가? 나는 어떤 것에 재능이 있나?

❹ 어렸을 때 어떤 자성예언을 했는가?

❺ 그동안 살아오면서 나의 심리적 환경은 어떠했는가?

❻ 나는 무엇을 할 때 자랑스러운가?

❼ 나는 무엇을 할 때 행복한 감정이 드는가?

❽ 나는 어떤 삶을 살고 싶은가?

오늘의 멘탈 컨디션

100점 만점 기준으로 좋으면 100점에 가깝게, 좋지 않으면 0점에 가깝게 기입한다.

1 감정 상태	점	7 자아 몰입 지수 · · · 점
2 수면 상태	점	8 삶의 만족도 · · · 점
3 자아 존중감 지수	점	9 긍정 사고 지수 · · · 점
4 마음 안정 지수	점	10 의욕 지수 · · · 점
5 열정 지수	점	합 계 · · · 점
6 무의식의 상태	점	평균 멘탈 지수 · · · 점

꿈을 꾸었는가? 꾸었다면 어떤 내용이었는가?

오늘 떠오르는 느낌이나 생각은 무엇인가?

1단계 멘탈 트레이닝 [8 일]

❶ 나는 누구인가?

❷ 나는 어떤 성장 과정을 거쳤는가? 그 성장과정이 현재의 나에게 준 영향은 무엇인가?

❸ 내가 가진 자원은 무엇인가? 나는 어떤 것에 재능이 있나?

❹ 어렸을 때 어떤 자성예언을 했는가?

❺ 그동안 살아오면서 나의 심리적 환경은 어떠했는가?

❻ 나는 무엇을 할 때 자랑스러운가?

❼ 나는 무엇을 할 때 행복한 감정이 드는가?

❽ 나는 어떤 삶을 살고 싶은가?

오늘의 멘탈 컨디션

100점 만점 기준으로 좋으면 100점에 가깝게, 좋지 않으면 0점에 가깝게 기입한다.

1 감정 상태 _____ 점	7 자아 몰입 지수 _____ 점
2 수면 상태 _____ 점	8 삶의 만족도 _____ 점
3 자아 존중감 지수 _____ 점	9 긍정 사고 지수 _____ 점
4 마음 안정 지수 _____ 점	10 의욕 지수 _____ 점
5 열정 지수 _____ 점	합 계 _____ 점
6 무의식의 상태 _____ 점	평균 멘탈 지수 _____ 점

꿈을 꾸었는가? 꾸었다면 어떤 내용이었는가?

오늘 떠오르는 느낌이나 생각은 무엇인가?

1 단계 멘탈 트레이닝 [9 일]

❶ 나는 누구인가? ～～～～～～～～～～～～～～～～～～

❷ 나는 어떤 성장 과정을 거쳤는가? 그 성장과정이 현재의 나에게 준 영향은 무엇인가?
～～～～～～～～～～～～～～～～～～～～～～～～～～～

❸ 내가 가진 자원은 무엇인가? 나는 어떤 것에 재능이 있나?
～～～～～～～～～～～～～～～～～～～～～～～～～～～

❹ 어렸을 때 어떤 자성예언을 했는가? ～～～～～～～～～～～

❺ 그동안 살아오면서 나의 심리적 환경은 어떠했는가? ～～～～～

❻ 나는 무엇을 할 때 자랑스러운가? ～～～～～～～～～～～～

❼ 나는 무엇을 할 때 행복한 감정이 드는가? ～～～～～～～～

❽ 나는 어떤 삶을 살고 싶은가? ～～～～～～～～～～～～～

오늘의 멘탈 컨디션

100점 만점 기준으로 좋으면 100점에 가깝게, 좋지 않으면 0점에 가깝게 기입한다.

1 감정 상태 □□□□□ 점	7 자아 몰입 지수 □□□□□ 점
2 수면 상태 □□□□□ 점	8 삶의 만족도 □□□□□ 점
3 자아 존중감 지수 □□□□□ 점	9 긍정 사고 지수 □□□□□ 점
4 마음 안정 지수 □□□□□ 점	10 의욕 지수 □□□□□ 점
5 열정 지수 □□□□□ 점	합 계 □□□□□ 점
6 무의식의 상태 □□□□□ 점	평균 멘탈 지수 □□□□□ 점

꿈을 꾸었는가? 꾸었다면 어떤 내용이었는가?
～～～～～～～～～～～～～～～～～～～～～～～～～～～

오늘 떠오르는 느낌이나 생각은 무엇인가?
～～～～～～～～～～～～～～～～～～～～～～～～～～～

1 단계 멘탈 트레이닝 [10 일]

❶ 나는 누구인가?

❷ 나는 어떤 성장 과정을 거쳤는가? 그 성장과정이 현재의 나에게 준 영향은 무엇인가?

❸ 내가 가진 자원은 무엇인가? 나는 어떤 것에 재능이 있나?

❹ 어렸을 때 어떤 자성예언을 했는가?

❺ 그동안 살아오면서 나의 심리적 환경은 어떠했는가?

❻ 나는 무엇을 할 때 자랑스러운가?

❼ 나는 무엇을 할 때 행복한 감정이 드는가?

❽ 나는 어떤 삶을 살고 싶은가?

오늘의 멘탈 컨디션

100점 만점 기준으로 좋으면 100점에 가깝게, 좋지 않으면 0점에 가깝게 기입한다.

1	감정 상태	점	7	자아 몰입 지수	점
2	수면 상태	점	8	삶의 만족도	점
3	자아 존중감 지수	점	9	긍정 사고 지수	점
4	마음 안정 지수	점	10	의욕 지수	점
5	열정 지수	점		합 계	점
6	무의식의 상태	점		평균 멘탈 지수	점

꿈을 꾸었는가? 꾸었다면 어떤 내용이었는가?

오늘 떠오르는 느낌이나 생각은 무엇인가?

❶ 나는 누구인가?

❷ 나는 어떤 성장 과정을 거쳤는가? 그 성장과정이 현재의 나에게 준 영향은 무엇인가?

❸ 내가 가진 자원은 무엇인가? 나는 어떤 것에 재능이 있나?

❹ 어렸을 때 어떤 자성예언을 했는가?

❺ 그동안 살아오면서 나의 심리적 환경은 어떠했는가?

❻ 나는 무엇을 할 때 자랑스러운가?

❼ 나는 무엇을 할 때 행복한 감정이 드는가?

❽ 나는 어떤 삶을 살고 싶은가?

오늘의 멘탈 컨디션

100점 만점 기준으로 좋으면 100점에 가깝게, 좋지 않으면 0점에 가깝게 기입한다.

1 감정 상태	점	7 자아 몰입 지수	점
2 수면 상태	점	8 삶의 만족도	점
3 자아 존중감 지수	점	9 긍정 사고 지수	점
4 마음 안정 지수	점	10 의욕 지수	점
5 열정 지수	점	합 계	점
6 무의식의 상태	점	평균 멘탈 지수	점

꿈을 꾸었는가? 꾸었다면 어떤 내용이었는가?

오늘 떠오르는 느낌이나 생각은 무엇인가?

1단계 멘탈 트레이닝 [12 일]

❶ 나는 누구인가?

❷ 나는 어떤 성장 과정을 거쳤는가? 그 성장과정이 현재의 나에게 준 영향은 무엇인가?

❸ 내가 가진 자원은 무엇인가? 나는 어떤 것에 재능이 있나?

❹ 어렸을 때 어떤 자성예언을 했는가?

❺ 그동안 살아오면서 나의 심리적 환경은 어떠했는가?

❻ 나는 무엇을 할 때 자랑스러운가?

❼ 나는 무엇을 할 때 행복한 감정이 드는가?

❽ 나는 어떤 삶을 살고 싶은가?

오늘의 멘탈 컨디션

100점 만점 기준으로 좋으면 100점에 가깝게, 좋지 않으면 0점에 가깝게 기입한다.

1 감정 상태 _____ 점	7 자아 몰입 지수 _____ 점
2 수면 상태 _____ 점	8 삶의 만족도 _____ 점
3 자아 존중감 지수 _____ 점	9 긍정 사고 지수 _____ 점
4 마음 안정 지수 _____ 점	10 의욕 지수 _____ 점
5 열정 지수 _____ 점	합 계 _____ 점
6 무의식의 상태 _____ 점	평균 멘탈 지수 _____ 점

꿈을 꾸었는가? 꾸었다면 어떤 내용이었는가?

오늘 떠오르는 느낌이나 생각은 무엇인가?

1 단계 멘탈 트레이닝 [13 일]

❶ 나는 누구인가?

❷ 나는 어떤 성장 과정을 거쳤는가? 그 성장과정이 현재의 나에게 준 영향은 무엇인가?

❸ 내가 가진 자원은 무엇인가? 나는 어떤 것에 재능이 있나?

❹ 어렸을 때 어떤 자성예언을 했는가?

❺ 그동안 살아오면서 나의 심리적 환경은 어떠했는가?

❻ 나는 무엇을 할 때 자랑스러운가?

❼ 나는 무엇을 할 때 행복한 감정이 드는가?

❽ 나는 어떤 삶을 살고 싶은가?

오늘의 멘탈 컨디션

100점 만점 기준으로 좋으면 100점에 가깝게, 좋지 않으면 0점에 가깝게 기입한다.

1	감정 상태	점	7 자아 몰입 지수	점
2	수면 상태	점	8 삶의 만족도	점
3	자아 존중감 지수	점	9 긍정 사고 지수	점
4	마음 안정 지수	점	10 의욕 지수	점
5	열정 지수	점	합 계	점
6	무의식의 상태	점	평균 멘탈 지수	점

꿈을 꾸었는가? 꾸었다면 어떤 내용이었는가?

오늘 떠오르는 느낌이나 생각은 무엇인가?

멘탈 트레이닝

1 단계 멘탈 트레이닝 [14 일]

❶ 나는 누구인가?

❷ 나는 어떤 성장 과정을 거쳤는가? 그 성장과정이 현재의 나에게 준 영향은 무엇인가?

❸ 내가 가진 자원은 무엇인가? 나는 어떤 것에 재능이 있나?

❹ 어렸을 때 어떤 자성예언을 했는가?

❺ 그동안 살아오면서 나의 심리적 환경은 어떠했는가?

❻ 나는 무엇을 할 때 자랑스러운가?

❼ 나는 무엇을 할 때 행복한 감정이 드는가?

❽ 나는 어떤 삶을 살고 싶은가?

오늘의 멘탈 컨디션

100점 만점 기준으로 좋으면 100점에 가깝게, 좋지 않으면 0점에 가깝게 기입한다.

1 감정 상태 _____점	7 자아 몰입 지수 _____점
2 수면 상태 _____점	8 삶의 만족도 _____점
3 자아 존중감 지수 _____점	9 긍정 사고 지수 _____점
4 마음 안정 지수 _____점	10 의욕 지수 _____점
5 열정 지수 _____점	합 계 _____점
6 무의식의 상태 _____점	평균 멘탈 지수 _____점

꿈을 꾸었는가? 꾸었다면 어떤 내용이었는가?

오늘 떠오르는 느낌이나 생각은 무엇인가?

1단계 멘탈 트레이닝 [15 일]

❶ 나는 누구인가?

❷ 나는 어떤 성장 과정을 거쳤는가? 그 성장과정이 현재의 나에게 준 영향은 무엇인가?

❸ 내가 가진 자원은 무엇인가? 나는 어떤 것에 재능이 있나?

❹ 어렸을 때 어떤 자성예언을 했는가?

❺ 그동안 살아오면서 나의 심리적 환경은 어떠했는가?

❻ 나는 무엇을 할 때 자랑스러운가?

❼ 나는 무엇을 할 때 행복한 감정이 드는가?

❽ 나는 어떤 삶을 살고 싶은가?

오늘의 멘탈 컨디션

100점 만점 기준으로 좋으면 100점에 가깝게, 좋지 않으면 0점에 가깝게 기입한다.

1 감정 상태	점	7 자아 몰입 지수	점
2 수면 상태	점	8 삶의 만족도	점
3 자아 존중감 지수	점	9 긍정 사고 지수	점
4 마음 안정 지수	점	10 의욕 지수	점
5 열정 지수	점	합 계	점
6 무의식의 상태	점	평균 멘탈 지수	점

꿈을 꾸었는가? 꾸었다면 어떤 내용이었는가?

오늘 떠오르는 느낌이나 생각은 무엇인가?

1 단계 멘탈 트레이닝 [16 일]

① 나는 누구인가?

② 나는 어떤 성장 과정을 거쳤는가? 그 성장과정이 현재의 나에게 준 영향은 무엇인가?

③ 내가 가진 자원은 무엇인가? 나는 어떤 것에 재능이 있나?

④ 어렸을 때 어떤 자성예언을 했는가?

⑤ 그동안 살아오면서 나의 심리적 환경은 어떠했는가?

⑥ 나는 무엇을 할 때 자랑스러운가?

⑦ 나는 무엇을 할 때 행복한 감정이 드는가?

⑧ 나는 어떤 삶을 살고 싶은가?

오늘의 멘탈 컨디션

100점 만점 기준으로 좋으면 100점에 가깝게, 좋지 않으면 0점에 가깝게 기입한다.

1 감정 상태	점	7 자아 몰입 지수	점
2 수면 상태	점	8 삶의 만족도	점
3 자아 존중감 지수	점	9 긍정 사고 지수	점
4 마음 안정 지수	점	10 의욕 지수	점
5 열정 지수	점	합 계	점
6 무의식의 상태	점	평균 멘탈 지수	점

꿈을 꾸었는가? 꾸었다면 어떤 내용이었는가?

오늘 떠오르는 느낌이나 생각은 무엇인가?

1단계 멘탈 트레이닝 [17 일]

❶ 나는 누구인가? ～～～～～～～～～～～～～～～～～～～～～～

❷ 나는 어떤 성장 과정을 거쳤는가? 그 성장과정이 현재의 나에게 준 영향은 무엇인가?
～～～～～～～～～～～～～～～～～～～～～～～～～～～～～～～～

❸ 내가 가진 자원은 무엇인가? 나는 어떤 것에 재능이 있나?
～～～～～～～～～～～～～～～～～～～～～～～～～～～～～～～～

❹ 어렸을 때 어떤 자성예언을 했는가? ～～～～～～～～～～～～～～

❺ 그동안 살아오면서 나의 심리적 환경은 어떠했는가? ～～～～～～～

❻ 나는 무엇을 할 때 자랑스러운가? ～～～～～～～～～～～～～～～

❼ 나는 무엇을 할 때 행복한 감정이 드는가? ～～～～～～～～～～～

❽ 나는 어떤 삶을 살고 싶은가? ～～～～～～～～～～～～～～～～～

오늘의 멘탈 컨디션

100점 만점 기준으로 좋으면 100점에 가깝게, 좋지 않으면 0점에 가깝게 기입한다.

1 감정 상태	점	7 자아 몰입 지수	점
2 수면 상태	점	8 삶의 만족도	점
3 자아 존중감 지수	점	9 긍정 사고 지수	점
4 마음 안정 지수	점	10 의욕 지수	점
5 열정 지수	점	합 계	점
6 무의식의 상태	점	평균 멘탈 지수	점

꿈을 꾸었는가? 꾸었다면 어떤 내용이었는가?
～～～～～～～～～～～～～～～～～～～～～～～～～～～～～～～～

오늘 떠오르는 느낌이나 생각은 무엇인가?
～～～～～～～～～～～～～～～～～～～～～～～～～～～～～～～～

1 단계 멘탈 트레이닝 [18 일]

❶ 나는 누구인가?

❷ 나는 어떤 성장 과정을 거쳤는가? 그 성장과정이 현재의 나에게 준 영향은 무엇인가?

❸ 내가 가진 자원은 무엇인가? 나는 어떤 것에 재능이 있나?

❹ 어렸을 때 어떤 자성예언을 했는가?

❺ 그동안 살아오면서 나의 심리적 환경은 어떠했는가?

❻ 나는 무엇을 할 때 자랑스러운가?

❼ 나는 무엇을 할 때 행복한 감정이 드는가?

❽ 나는 어떤 삶을 살고 싶은가?

오늘의 멘탈 컨디션

100점 만점 기준으로 좋으면 100점에 가깝게, 좋지 않으면 0점에 가깝게 기입한다.

1 감정 상태	점	7 자아 몰입 지수	점
2 수면 상태	점	8 삶의 만족도	점
3 자아 존중감 지수	점	9 긍정 사고 지수	점
4 마음 안정 지수	점	10 의욕 지수	점
5 열정 지수	점	합 계	점
6 무의식의 상태	점	평균 멘탈 지수	점

꿈을 꾸었는가? 꾸었다면 어떤 내용이었는가?

오늘 떠오르는 느낌이나 생각은 무엇인가?

1단계 멘탈 트레이닝 [19 일]

❶ 나는 누구인가?

❷ 나는 어떤 성장 과정을 거쳤는가? 그 성장과정이 현재의 나에게 준 영향은 무엇인가?

❸ 내가 가진 자원은 무엇인가? 나는 어떤 것에 재능이 있나?

❹ 어렸을 때 어떤 자성예언을 했는가?

❺ 그동안 살아오면서 나의 심리적 환경은 어떠했는가?

❻ 나는 무엇을 할 때 자랑스러운가?

❼ 나는 무엇을 할 때 행복한 감정이 드는가?

❽ 나는 어떤 삶을 살고 싶은가?

오늘의 멘탈 컨디션

100점 만점 기준으로 좋으면 100점에 가깝게, 좋지 않으면 0점에 가깝게 기입한다.

1 감정 상태 ▒▒▒▒▒▒▒점   7 자아 몰입 지수 ▒▒▒▒▒▒▒점

2 수면 상태 ▒▒▒▒▒▒▒점   8 삶의 만족도 ▒▒▒▒▒▒▒점

3 자아 존중감 지수 ▒▒▒▒▒▒▒점   9 긍정 사고 지수 ▒▒▒▒▒▒▒점

4 마음 안정 지수 ▒▒▒▒▒▒▒점   10 의욕 지수 ▒▒▒▒▒▒▒점

5 열정 지수 ▒▒▒▒▒▒▒점   합 계 ▒▒▒▒▒▒▒점

6 무의식의 상태 ▒▒▒▒▒▒▒점   평균 멘탈 지수 ▒▒▒▒▒▒▒점

꿈을 꾸었는가? 꾸었다면 어떤 내용이었는가?

오늘 떠오르는 느낌이나 생각은 무엇인가?

1 단계 멘탈 트레이닝 [20 일]

❶ 나는 누구인가?

❷ 나는 어떤 성장 과정을 거쳤는가? 그 성장과정이 현재의 나에게 준 영향은 무엇인가?

❸ 내가 가진 자원은 무엇인가? 나는 어떤 것에 재능이 있나?

❹ 어렸을 때 어떤 자성예언을 했는가?

❺ 그동안 살아오면서 나의 심리적 환경은 어떠했는가?

❻ 나는 무엇을 할 때 자랑스러운가?

❼ 나는 무엇을 할 때 행복한 감정이 드는가?

❽ 나는 어떤 삶을 살고 싶은가?

오늘의 멘탈 컨디션

100점 만점 기준으로 좋으면 100점에 가깝게, 좋지 않으면 0점에 가깝게 기입한다.

1 감정 상태 ___ 점	7 자아 몰입 지수 ___ 점
2 수면 상태 ___ 점	8 삶의 만족도 ___ 점
3 자아 존중감 지수 ___ 점	9 긍정 사고 지수 ___ 점
4 마음 안정 지수 ___ 점	10 의욕 지수 ___ 점
5 열정 지수 ___ 점	합계 ___ 점
6 무의식의 상태 ___ 점	평균 멘탈 지수 ___ 점

꿈을 꾸었는가? 꾸었다면 어떤 내용이었는가?

오늘 떠오르는 느낌이나 생각은 무엇인가?

1 단계 멘탈 트레이닝 [21 일]

❶ 나는 누구인가?

❷ 나는 어떤 성장 과정을 거쳤는가? 그 성장과정이 현재의 나에게 준 영향은 무엇인가?

❸ 내가 가진 자원은 무엇인가? 나는 어떤 것에 재능이 있나?

❹ 어렸을 때 어떤 자성예언을 했는가?

❺ 그동안 살아오면서 나의 심리적 환경은 어떠했는가?

❻ 나는 무엇을 할 때 자랑스러운가?

❼ 나는 무엇을 할 때 행복한 감정이 드는가?

❽ 나는 어떤 삶을 살고 싶은가?

오늘의 멘탈 컨디션

100점 만점 기준으로 좋으면 100점에 가깝게, 좋지 않으면 0점에 가깝게 기입한다.

1 감정 상태	점	7 자아 몰입 지수	점
2 수면 상태	점	8 삶의 만족도	점
3 자아 존중감 지수	점	9 긍정 사고 지수	점
4 마음 안정 지수	점	10 의욕 지수	점
5 열정 지수	점	합 계	점
6 무의식의 상태	점	평균 멘탈 지수	점

꿈을 꾸었는가? 꾸었다면 어떤 내용이었는가?

오늘 떠오르는 느낌이나 생각은 무엇인가?

1 단계 멘탈 트레이닝 [22 일]

❶ 나는 누구인가?

❷ 나는 어떤 성장 과정을 거쳤는가? 그 성장과정이 현재의 나에게 준 영향은 무엇인가?

❸ 내가 가진 자원은 무엇인가? 나는 어떤 것에 재능이 있나?

❹ 어렸을 때 어떤 자성예언을 했는가?

❺ 그동안 살아오면서 나의 심리적 환경은 어떠했는가?

❻ 나는 무엇을 할 때 자랑스러운가?

❼ 나는 무엇을 할 때 행복한 감정이 드는가?

❽ 나는 어떤 삶을 살고 싶은가?

오늘의 멘탈 컨디션

100점 만점 기준으로 좋으면 100점에 가깝게, 좋지 않으면 0점에 가깝게 기입한다.

1	감정 상태	점	7 자아 몰입 지수	점
2	수면 상태	점	8 삶의 만족도	점
3	자아 존중감 지수	점	9 긍정 사고 지수	점
4	마음 안정 지수	점	10 의욕 지수	점
5	열정 지수	점	합 계	점
6	무의식의 상태	점	평균 멘탈 지수	점

꿈을 꾸었는가? 꾸었다면 어떤 내용이었는가?

오늘 떠오르는 느낌이나 생각은 무엇인가?

1 단계 멘탈 트레이닝 [23 일]

❶ 나는 누구인가?

❷ 나는 어떤 성장 과정을 거쳤는가? 그 성장과정이 현재의 나에게 준 영향은 무엇인가?

❸ 내가 가진 자원은 무엇인가? 나는 어떤 것에 재능이 있나?

❹ 어렸을 때 어떤 자성예언을 했는가?

❺ 그동안 살아오면서 나의 심리적 환경은 어떠했는가?

❻ 나는 무엇을 할 때 자랑스러운가?

❼ 나는 무엇을 할 때 행복한 감정이 드는가?

❽ 나는 어떤 삶을 살고 싶은가?

오늘의 멘탈 컨디션

100점 만점 기준으로 좋으면 100점에 가깝게, 좋지 않으면 0점에 가깝게 기입한다.

1	감정 상태	점	7	자아 몰입 지수	점
2	수면 상태	점	8	삶의 만족도	점
3	자아 존중감 지수	점	9	긍정 사고 지수	점
4	마음 안정 지수	점	10	의욕 지수	점
5	열정 지수	점		합 계	점
6	무의식의 상태	점		평균 멘탈 지수	점

꿈을 꾸었는가? 꾸었다면 어떤 내용이었는가?

오늘 떠오르는 느낌이나 생각은 무엇인가?

멘탈 트레이닝

1단계 멘탈 트레이닝 [24 일]

❶ 나는 누구인가?

❷ 나는 어떤 성장 과정을 거쳤는가? 그 성장과정이 현재의 나에게 준 영향은 무엇인가?

❸ 내가 가진 자원은 무엇인가? 나는 어떤 것에 재능이 있나?

❹ 어렸을 때 어떤 자성예언을 했는가?

❺ 그동안 살아오면서 나의 심리적 환경은 어떠했는가?

❻ 나는 무엇을 할 때 자랑스러운가?

❼ 나는 무엇을 할 때 행복한 감정이 드는가?

❽ 나는 어떤 삶을 살고 싶은가?

오늘의 멘탈 컨디션

100점 만점 기준으로 좋으면 100점에 가깝게, 좋지 않으면 0점에 가깝게 기입한다.

1 감정 상태 　　　　　　　　점
2 수면 상태 　　　　　　　　점
3 자아 존중감 지수 　　　　　점
4 마음 안정 지수 　　　　　　점
5 열정 지수 　　　　　　　　점
6 무의식의 상태 　　　　　　점

7 자아 몰입 지수 　　　　　　점
8 삶의 만족도 　　　　　　　점
9 긍정 사고 지수 　　　　　　점
10 의욕 지수 　　　　　　　　점
합 계 　　　　　　　　　　점
평균 멘탈 지수 　　　　　　　점

꿈을 꾸었는가? 꾸었다면 어떤 내용이었는가?

오늘 떠오르는 느낌이나 생각은 무엇인가?

1단계 멘탈 트레이닝 [**25 일**]

❶ 나는 누구인가?

❷ 나는 어떤 성장 과정을 거쳤는가? 그 성장과정이 현재의 나에게 준 영향은 무엇인가?

❸ 내가 가진 자원은 무엇인가? 나는 어떤 것에 재능이 있나?

❹ 어렸을 때 어떤 자성예언을 했는가?

❺ 그동안 살아오면서 나의 심리적 환경은 어떠했는가?

❻ 나는 무엇을 할 때 자랑스러운가?

❼ 나는 무엇을 할 때 행복한 감정이 드는가?

❽ 나는 어떤 삶을 살고 싶은가?

오늘의 멘탈 컨디션

100점 만점 기준으로 좋으면 100점에 가깝게, 좋지 않으면 0점에 가깝게 기입한다.

1 감정 상태	점	7 자아 몰입 지수	점
2 수면 상태	점	8 삶의 만족도	점
3 자아 존중감 지수	점	9 긍정 사고 지수	점
4 마음 안정 지수	점	10 의욕 지수	점
5 열정 지수	점	합 계	점
6 무의식의 상태	점	평균 멘탈 지수	점

꿈을 꾸었는가? 꾸었다면 어떤 내용이었는가?

오늘 떠오르는 느낌이나 생각은 무엇인가?

잠재의식의 능력 실험

잠재적 가치를 꿈속에서 구체화하기

　자신이 누구인지 파악하는데 25일을 보냈다면 2단계는 잠재의식
의 능력을 실험해 볼 단계다. 자신에 대해서 충분히 생각해보고 자
신의 자원에 대해서 파악하려고 했다면 그 자원을 토대로 자신의 추
구하는 가치가 무엇인지 알아보아야 한다. 사람들이 가진 재능만큼
이나 개개인이 추구하는 가치도 다양하다. 자신이 추구하는 가치가
어떻게 현실에서 작동할 것인지 잠자기 전 15분 간 생각해야 한다.
깨어있는 동안에는 그 가치에 대한 정보 수집도 동시에 해주는 것이
좋다. 또는 자신이 추구하는 가치를 추구하는 실제 인물을 모델 삼
아 그 인물이 자신이 추구하는 가치를 어떻게 현실에서 풀어내고 있
는지 알아보는 것도 도움이 된다.

최고의 내가 된 이미지를 잠재의식에 각인하게 되면 잠재의식에서 최고의 자아에 관련된 수많은 것들을 확대, 재생산하게 된다. 이 확대, 재생산은 정비례로 차곡차곡 늘어가는 것이 아니다. 눈덩이는 커질수록 눈이 많이 뭉쳐지게 된다. 최고의 자아 이미지를 떠올리는 것도 마찬가지다. 최고의 자아 이미지를 심상화하면 할수록 최고의 자아 이미지는 확대되고, 재생산된다. 이것이 '최고의 자아 이미지' 심상화 Imaging 의 복리효과다.

가능한 여러 멘탈 강자들의 사고방식을 습득해도 좋다. 많은 멘탈 강자들의 사고방식을 접하다 보면 자신에게 맞는 방식도 있을 것이고 맞지 않는 것도 발견할 것이다. 만약 맞지 않는 것을 발견했다면 그것만으로도 성공이다. 자신과 무엇이 맞는 방법인지 알아내는 것만으로도 충분히 가치가 있다. 멘탈 트레이닝도 경험을 해보아야 알 수 있는 것이기 때문이다. 이 경험을 통해 멘탈 강자들의 마음을 들여다 볼 수 있는 기회가 생기지 않았던가. 잠재의식의 힘을 믿고 활용할 수 있도록 이 책 한권에 걸쳐 충분히 이해하도록 돕고 있다. 아직도 잠재의식이 무엇인지, 어떤 작용을 하는지 모르겠다면 이 책을 처음부터 다시 읽는 것을 권한다.

자신이 가진 자원으로 세상에 어떤 가치를 줄 수 있는지 잠자기 전 15분 동안 떠올린다. 그 다음 해결책은 잠재의식에 철저하게 맡긴다. 인간의 무의식은 그 가능성과 능력이 정확하게 알려지 있지 않을 정도로 깊고 넓다. 잠재의식이 문제에 대한 해답을 가지고 있다고 믿어라. 그리고 잠자기 전 15분 동안 잠재의식에 어떠한 가치를 가지고 살아야 할 것인지에 대한 답을 달라고 명령하라.

2단계의 멘탈 트레이닝은 잠재의식이 어떻게 작용하는지 실제적으로 경험해보는 시간이다. 인간이 한 가지 생각에 집중하고 있으면 자신의 모든 에너지는 그 문제를 풀기 위해 집중한다. 그 문제를 풀기 위해서 과거의 경험과 지식이 총동원되는데, 이 힘은 바로 잠재의식의 저장고를 해제하는 열쇠이다. 그래서 많은 지식과 경험을 쌓은 사람일수록 잠재의식의 저장고는 깊고 넓게 된다. 하지만 많은 지식과 경험을 쌓았음에도 불구하고 이것을 활용하지 못한다면 의미가 없다. 잠재의식의 힘을 믿고 잠재의식의 능력을 활용하라. 2단계 멘탈 트레이닝에서 잠재의식에 명령하거나 주문을 해서 잠재의식이 어떤 방식으로 답을 주거나 암시하는지 경험해보자. 자신의 평소 생각이 어떻게 해서 잠재의식에 각인이 되었는지, 이 잠재의식을 어떻게 컨트롤을 해야 하는지도 2단계 트레이닝을 통해서 알아 볼 것이다.

2단계 멘탈 트레이닝은 본격적으로 멘탈을 활용할 수 있게 시동을 거는 시간이다. 잠재의식의 세계를 믿지 않고 있거나, 알지 못했던 과거와는 단절하는 것이다. 잠재된 가능성의 실현을 위해 잠재의식의 문을 두드려라. 그러면 무한한 능력의 보고인 잠재의식의 세계가 열릴 것이다.

잠자기 15분 전은 수면에 이르기 위해서 가수면 상태에 빠지는 시간이다. 이 가수면 상태에서 잠재의식에 명령을 하는 것이다. 2단계 멘탈 트레이닝 단계에서는 잠재의식이 어떤 작용을 하는지 다양한 실험을 하라. 잠재의식이 어떻게 작용하고 활용되는 지를 경험을 해봐야 잠재의식의 힘을 자유자재로 이용할 수 있다.

2단계 멘탈 트레이닝 [00 일]

❶ 내가 추구하는 삶의 가치는 무엇인가?

즐겁게! 자유롭게! 책임지며 주체적으로! 나(만)의 자원으로 인간들과 소통하며 세상 가운데 침노하리!

❷ 나의 삶에 잠재의식의 힘을 어떻게 적용할 것인가?

나의 미래를 잠재의식에 각인해서 설득시킨다. 중요한 일을 결정할 때 남이 아닌 '나의 잠재의식'과 상의한다.

❸ 내가 추구하는 삶의 가치를 실현하기 위해서 어떻게 해야 하는가?

내 자신을 잘 알고 믿으며, 내가 세상에 전할 수 있는 가치가 무엇인지 치열하게 고민해 본다. 자유에 대한 책임을 질 수 있는 배짱과 능력, 인격을 겸비하도록 하루하루 최선을 다한다.

❹ 나의 삶에서 풀리지 않았던 고민이나 문제는 무엇인가?

나의 자원은 무엇일까? 내가 집중하고 싶은, 내가 원하는 삶의 모습은 무엇일까? 나는 왜 결정을 잘하지 못했나? 왜 인간의 근원적 외로움에 대해 외면하고 싶어했는가?

❺ 내가 닮고 싶은 멘탈 강자들의 사고 방식에는 어떤 것이 있는가?

괴테ー 재능의 집중을 뒤늦게 알게 된 사람(영감을 준다), 맡은 일에 최선을 다함, 영혼을 담은 글들을 썼음. / 리처드 브랜슨ー 상식과 통념에 의문을 제기(튜링도 이쪽 관인 듯), 독서와 사색, 나를 사랑하며 즐기며 사는 인생 / 율곡 이이ー 애민정신, 나라사랑, 바른 성품과 강직함.

❻ 내가 닮고 싶은 멘탈 강자들의 사고방식 중 내 삶의 가치 실현을 위해 적용할 만한 것은 무엇인가?

나의 한계를 가두지 않는다. 집중한다. 즐긴다. 세상이 말하는 진실을 당연하게 만 여기지 않는다.

❼ 나는 잠재의식에 무엇을 명령하고 싶은가? 나의 셀프 이미지에 대한 동의

❽ 1단계 멘탈 트레이닝을 바탕으로 내가 규정한 최고의 자아 이미지는 어떤 것인가?

내 자신에게 솔직하고, 내면의 목소리에 귀 기울여 세상의 기대나 짜여진 틀에 나를 끼워 맞추지 않는 자유 있는 삶

2 단계 멘탈 트레이닝 [26 일]

❶ 내가 추구하는 삶의 가치는 무엇인가?

❷ 나의 삶에 잠재의식의 힘을 어떻게 적용할 것인가?

❸ 내가 추구하는 삶의 가치를 실현하기 위해서 어떻게 해야 하는가?

❹ 나의 삶에서 풀리지 않았던 고민이나 문제는 무엇인가?

❺ 내가 닮고 싶은 멘탈 강자들의 사고 방식에는 어떤 것이 있는가?

❻ 내가 닮고 싶은 멘탈 강자들의 사고방식 중 내 삶의 가치 실현을 위해 적용할 만한
   것은 무엇인가?

❼ 나는 잠재의식에 무엇을 명령하고 싶은가?

❽ 1단계 멘탈 트레이닝을 바탕으로 내가 규정한 최고의 자아 이미지는 어떤 것인가?

오늘의 멘탈 컨디션

100점 만점 기준으로 좋으면 100점에 가깝게, 좋지 않으면 0점에 가깝게 기입한다.

1 잠재의식의 능력에 대한 믿음 지수   6 수면 상태 [   ]점

[   ]점   7 마음의 안정 지수 [   ]점

2 트레이닝 실행 지수 [   ]점   8 삶의 행복 지수 [   ]점

3 잠재의식 주권 행사에 대한 욕구 지수   9 자아 친화력 지수 [   ]점

[   ]점   10 목표 달성 욕구 지수 [   ]점

4 사고방식의 긍정 지수 [   ]점   합 계 [   ]점

5 감정 상태 [   ]점   평균 멘탈 지수 [   ]점

꿈을 꾸었는가? 꾸었다면 어떤 내용이었는가?

오늘 떠오르는 느낌이나 생각은 무엇인가?

2 단계 멘탈 트레이닝 [27 일]

❶ 내가 추구하는 삶의 가치는 무엇인가?

❷ 나의 삶에 잠재의식의 힘을 어떻게 적용할 것인가?

❸ 내가 추구하는 삶의 가치를 실현하기 위해서 어떻게 해야 하는가?

❹ 나의 삶에서 풀리지 않았던 고민이나 문제는 무엇인가?

❺ 내가 닮고 싶은 멘탈 강자들의 사고 방식에는 어떤 것이 있는가?

❻ 내가 닮고 싶은 멘탈 강자들의 사고방식 중 내 삶의 가치 실현을 위해 적용할 만한 것은 무엇인가?

❼ 나는 잠재의식에 무엇을 명령하고 싶은가?

❽ 1단계 멘탈 트레이닝을 바탕으로 내가 규정한 최고의 자아 이미지는 어떤 것인가?

오늘의 멘탈 컨디션

100점 만점 기준으로 좋으면 100점에 가깝게, 좋지 않으면 0점에 가깝게 기입한다.

1 잠재의식의 능력에 대한 믿음 지수

　　　　　　　　　　　　　　　점

2 트레이닝 실행 지수 　　　　점

3 잠재의식 주권 행사에 대한 욕구 지수

　　　　　　　　　　　　　　　점

4 사고방식의 긍정 지수 　　　점

5 감정 상태 　　　　　　　　점

6 수면 상태 　　　　　　　　점

7 마음의 안정 지수 　　　　　점

8 삶의 행복 지수 　　　　　　점

9 자아 친화력 지수 　　　　　점

10 목표 달성 욕구 지수 　　　점

합 계 　　　　　　　　　　　점

평균 멘탈 지수 　　　　　　　점

꿈을 꾸었는가? 꾸었다면 어떤 내용이었는가?

오늘 떠오르는 느낌이나 생각은 무엇인가?

2단계 멘탈 트레이닝 [28 일]

❶ 내가 추구하는 삶의 가치는 무엇인가?

❷ 나의 삶에 잠재의식의 힘을 어떻게 적용할 것인가?

❸ 내가 추구하는 삶의 가치를 실현하기 위해서 어떻게 해야 하는가?

❹ 나의 삶에서 풀리지 않았던 고민이나 문제는 무엇인가?

❺ 내가 닮고 싶은 멘탈 강자들의 사고 방식에는 어떤 것이 있는가?

❻ 내가 닮고 싶은 멘탈 강자들의 사고방식 중 내 삶의 가치 실현을 위해 적용할 만한 것은 무엇인가?

❼ 나는 잠재의식에 무엇을 명령하고 싶은가?

❽ 1단계 멘탈 트레이닝을 바탕으로 내가 규정한 최고의 자아 이미지는 어떤 것인가?

오늘의 멘탈 컨디션

100점 만점 기준으로 좋으면 100점에 가깝게, 좋지 않으면 0점에 가깝게 기입한다.

1 잠재의식의 능력에 대한 믿음 지수

　　　　　　　　　　　　점

2 트레이닝 실행 지수 　　　　점

3 잠재의식 주권 행사에 대한 욕구 지수

　　　　　　　　　　　　점

4 사고방식의 긍정 지수 　　　점

5 감정 상태 　　　　점

6 수면 상태 　　　　점

7 마음의 안정 지수 　　　점

8 삶의 행복 지수 　　　점

9 자아 친화력 지수 　　　점

10 목표 달성 욕구 지수 　　　점

합 계 　　　　점

평균 멘탈 지수 　　　　점

꿈을 꾸었는가? 꾸었다면 어떤 내용이었는가?

오늘 떠오르는 느낌이나 생각은 무엇인가?

2 단계 멘탈 트레이닝 [29 일]

❶ 내가 추구하는 삶의 가치는 무엇인가?

❷ 나의 삶에 잠재의식의 힘을 어떻게 적용할 것인가?

❸ 내가 추구하는 삶의 가치를 실현하기 위해서 어떻게 해야 하는가?

❹ 나의 삶에서 풀리지 않았던 고민이나 문제는 무엇인가?

❺ 내가 닮고 싶은 멘탈 강자들의 사고 방식에는 어떤 것이 있는가?

❻ 내가 닮고 싶은 멘탈 강자들의 사고방식 중 내 삶의 가치 실현을 위해 적용할 만한 것은 무엇인가?

❼ 나는 잠재의식에 무엇을 명령하고 싶은가?

❽ 1단계 멘탈 트레이닝을 바탕으로 내가 규정한 최고의 자아 이미지는 어떤 것인가?

오늘의 멘탈 컨디션

100점 만점 기준으로 좋으면 100점에 가깝게, 좋지 않으면 0점에 가깝게 기입한다.

1 잠재의식의 능력에 대한 믿음 지수

    점

2 트레이닝 실행 지수   점

3 잠재의식 주권 행사에 대한 욕구 지수

    점

4 사고방식의 긍정 지수   점

5 감정 상태   점

6 수면 상태   점

7 마음의 안정 지수   점

8 삶의 행복 지수   점

9 자아 친화력 지수   점

10 목표 달성 욕구 지수   점

합 계   점

평균 멘탈 지수   점

꿈을 꾸었는가? 꾸었다면 어떤 내용이었는가?

오늘 떠오르는 느낌이나 생각은 무엇인가?

2단계 멘탈 트레이닝 [30 일]

① 내가 추구하는 삶의 가치는 무엇인가? ∼∼∼∼∼∼∼∼∼∼∼∼∼∼∼∼∼∼∼

② 나의 삶에 잠재의식의 힘을 어떻게 적용할 것인가? ∼∼∼∼∼∼∼∼∼∼∼∼∼

③ 내가 추구하는 삶의 가치를 실현하기 위해서 어떻게 해야 하는가? ∼∼∼∼∼

④ 나의 삶에서 풀리지 않았던 고민이나 문제는 무엇인가? ∼∼∼∼∼∼∼∼∼∼∼

⑤ 내가 닮고 싶은 멘탈 강자들의 사고 방식에는 어떤 것이 있는가?

∼∼

⑥ 내가 닮고 싶은 멘탈 강자들의 사고방식 중 내 삶의 가치 실현을 위해 적용할 만한 것은 무엇인가? ∼∼∼∼∼∼∼∼∼∼∼∼∼∼∼∼∼∼∼∼∼∼∼∼∼∼∼∼∼∼∼∼∼∼∼

⑦ 나는 잠재의식에 무엇을 명령하고 싶은가? ∼∼∼∼∼∼∼∼∼∼∼∼∼∼∼∼∼∼∼

⑧ 1단계 멘탈 트레이닝을 바탕으로 내가 규정한 최고의 자아 이미지는 어떤 것인가?

∼∼

오늘의 멘탈 컨디션

100점 만점 기준으로 좋으면 100점에 가깝게, 좋지 않으면 0점에 가깝게 기입한다.

1 잠재의식의 능력에 대한 믿음 지수

　　　　　　　　　　　　　점

2 트레이닝 실행 지수 　　　　점

3 잠재의식 주권 행사에 대한 욕구 지수

　　　　　　　　　　　　　점

4 사고방식의 긍정 지수 　　　점

5 감정 상태 　　　　점

6 수면 상태 　　　　　점

7 마음의 안정 지수 　　　점

8 삶의 행복 지수 　　　점

9 자아 친화력 지수 　　　점

10 목표 달성 욕구 지수 　　점

합 계 　　　　　점

평균 멘탈 지수 　　　　점

꿈을 꾸었는가? 꾸었다면 어떤 내용이었는가? ∼∼∼∼∼∼∼∼∼∼∼∼∼∼∼∼∼∼∼

오늘 떠오르는 느낌이나 생각은 무엇인가? ∼∼∼∼∼∼∼∼∼∼∼∼∼∼∼∼∼∼∼∼∼

2단계 멘탈 트레이닝 [31 일]

❶ 내가 추구하는 삶의 가치는 무엇인가?

❷ 나의 삶에 잠재의식의 힘을 어떻게 적용할 것인가?

❸ 내가 추구하는 삶의 가치를 실현하기 위해서 어떻게 해야 하는가?

❹ 나의 삶에서 풀리지 않았던 고민이나 문제는 무엇인가?

❺ 내가 닮고 싶은 멘탈 강자들의 사고 방식에는 어떤 것이 있는가?

❻ 내가 닮고 싶은 멘탈 강자들의 사고방식 중 내 삶의 가치 실현을 위해 적용할 만한 것은 무엇인가?

❼ 나는 잠재의식에 무엇을 명령하고 싶은가?

❽ 1단계 멘탈 트레이닝을 바탕으로 내가 규정한 최고의 자아 이미지는 어떤 것인가?

오늘의 멘탈 컨디션

100점 만점 기준으로 좋으면 100점에 가깝게, 좋지 않으면 0점에 가깝게 기입한다.

1 잠재의식의 능력에 대한 믿음 지수
　　　　　　　　　　　　　　　점

2 트레이닝 실행 지수 　　　　점

3 잠재의식 주권 행사에 대한 욕구 지수
　　　　　　　　　　　　　　　점

4 사고방식의 긍정 지수 　　　점

5 감정 상태 　　　　　　　　점

6 수면 상태 　　　　　　　　점

7 마음의 안정 지수 　　　　　점

8 삶의 행복 지수 　　　　　　점

9 자아 친화력 지수 　　　　　점

10 목표 달성 욕구 지수 　　　점

합 계 　　　　　　　　　　　점

평균 멘탈 지수 　　　　　　　점

꿈을 꾸었는가? 꾸었다면 어떤 내용이었는가?

오늘 떠오르는 느낌이나 생각은 무엇인가?

2단계 멘탈 트레이닝 [32 일]

❶ 내가 추구하는 삶의 가치는 무엇인가?

❷ 나의 삶에 잠재의식의 힘을 어떻게 적용할 것인가?

❸ 내가 추구하는 삶의 가치를 실현하기 위해서 어떻게 해야 하는가?

❹ 나의 삶에서 풀리지 않았던 고민이나 문제는 무엇인가?

❺ 내가 닮고 싶은 멘탈 강자들의 사고 방식에는 어떤 것이 있는가?

❻ 내가 닮고 싶은 멘탈 강자들의 사고방식 중 내 삶의 가치 실현을 위해 적용할 만한 것은 무엇인가?

❼ 나는 잠재의식에 무엇을 명령하고 싶은가?

❽ 1단계 멘탈 트레이닝을 바탕으로 내가 규정한 최고의 자아 이미지는 어떤 것인가?

오늘의 멘탈 컨디션

100점 만점 기준으로 좋으면 100점에 가깝게, 좋지 않으면 0점에 가깝게 기입한다.

1 잠재의식의 능력에 대한 믿음 지수

　　　　　　　　　　　　　점

2 트레이닝 실행 지수 　　　　점

3 잠재의식 주권 행사에 대한 욕구 지수

　　　　　　　　　　　　　점

4 사고방식의 긍정 지수 　　　점

5 감정 상태 　　　점

6 수면 상태 　　　점

7 마음의 안정 지수 　　　점

8 삶의 행복 지수 　　　점

9 자아 친화력 지수 　　　점

10 목표 달성 욕구 지수 　　　점

합 계 　　　점

평균 멘탈 지수 　　　점

꿈을 꾸었는가? 꾸었다면 어떤 내용이었는가?

오늘 떠오르는 느낌이나 생각은 무엇인가?

2단계 멘탈 트레이닝 [33 일]

❶ 내가 추구하는 삶의 가치는 무엇인가?

❷ 나의 삶에 잠재의식의 힘을 어떻게 적용할 것인가?

❸ 내가 추구하는 삶의 가치를 실현하기 위해서 어떻게 해야 하는가?

❹ 나의 삶에서 풀리지 않았던 고민이나 문제는 무엇인가?

❺ 내가 닮고 싶은 멘탈 강자들의 사고 방식에는 어떤 것이 있는가?

❻ 내가 닮고 싶은 멘탈 강자들의 사고방식 중 내 삶의 가치 실현을 위해 적용할 만한 것은 무엇인가?

❼ 나는 잠재의식에 무엇을 명령하고 싶은가?

❽ 1단계 멘탈 트레이닝을 바탕으로 내가 규정한 최고의 자아 이미지는 어떤 것인가?

오늘의 멘탈 컨디션

100점 만점 기준으로 좋으면 100점에 가깝게, 좋지 않으면 0점에 가깝게 기입한다.

1 잠재의식의 능력에 대한 믿음 지수
　　　　　　　　　　　　　　　　점

2 트레이닝 실행 지수 　　　　점

3 잠재의식 주권 행사에 대한 욕구 지수
　　　　　　　　　　　　　　　　점

4 사고방식의 긍정 지수 　　　점

5 감정 상태 　　　점

6 수면 상태 　　　　　　점

7 마음의 안정 지수 　　　점

8 삶의 행복 지수 　　　　점

9 자아 친화력 지수 　　　점

10 목표 달성 욕구 지수 　　　점

합 계 　　　　　　점

평균 멘탈 지수 　　　　　점

꿈을 꾸었는가? 꾸었다면 어떤 내용이었는가?

오늘 떠오르는 느낌이나 생각은 무엇인가?

2 단계 멘탈 트레이닝 [34 일]

❶ 내가 추구하는 삶의 가치는 무엇인가?

❷ 나의 삶에 잠재의식의 힘을 어떻게 적용할 것인가?

❸ 내가 추구하는 삶의 가치를 실현하기 위해서 어떻게 해야 하는가?

❹ 나의 삶에서 풀리지 않았던 고민이나 문제는 무엇인가?

❺ 내가 닮고 싶은 멘탈 강자들의 사고 방식에는 어떤 것이 있는가?

❻ 내가 닮고 싶은 멘탈 강자들의 사고방식 중 내 삶의 가치 실현을 위해 적용할 만한 것은 무엇인가?

❼ 나는 잠재의식에 무엇을 명령하고 싶은가?

❽ 1단계 멘탈 트레이닝을 바탕으로 내가 규정한 최고의 자아 이미지는 어떤 것인가?

오늘의 멘탈 컨디션

100점 만점 기준으로 좋으면 100점에 가깝게, 좋지 않으면 0점에 가깝게 기입한다.

1 잠재의식의 능력에 대한 믿음 지수

                  점

2 트레이닝 실행 지수   점

3 잠재의식 주권 행사에 대한 욕구 지수

                  점

4 사고방식의 긍정 지수   점

5 감정 상태   점

6 수면 상태   점

7 마음의 안정 지수   점

8 삶의 행복 지수   점

9 자아 친화력 지수   점

10 목표 달성 욕구 지수   점

합 계   점

평균 멘탈 지수   점

꿈을 꾸었는가? 꾸었다면 어떤 내용이었는가?

오늘 떠오르는 느낌이나 생각은 무엇인가?

2단계 멘탈 트레이닝 [35 일]

❶ 내가 추구하는 삶의 가치는 무엇인가?

❷ 나의 삶에 잠재의식의 힘을 어떻게 적용할 것인가?

❸ 내가 추구하는 삶의 가치를 실현하기 위해서 어떻게 해야 하는가?

❹ 나의 삶에서 풀리지 않았던 고민이나 문제는 무엇인가?

❺ 내가 닮고 싶은 멘탈 강자들의 사고 방식에는 어떤 것이 있는가?

❻ 내가 닮고 싶은 멘탈 강자들의 사고방식 중 내 삶의 가치 실현을 위해 적용할 만한 것은 무엇인가?

❼ 나는 잠재의식에 무엇을 명령하고 싶은가?

❽ 1단계 멘탈 트레이닝을 바탕으로 내가 규정한 최고의 자아 이미지는 어떤 것인가?

오늘의 멘탈 컨디션

100점 만점 기준으로 좋으면 100점에 가깝게, 좋지 않으면 0점에 가깝게 기입한다.

1 잠재의식의 능력에 대한 믿음 지수

    점

2 트레이닝 실행 지수   점

3 잠재의식 주권 행사에 대한 욕구 지수

    점

4 사고방식의 긍정 지수   점

5 감정 상태   점

6 수면 상태   점

7 마음의 안정 지수   점

8 삶의 행복 지수   점

9 자아 친화력 지수   점

10 목표 달성 욕구 지수   점

합 계   점

평균 멘탈 지수   점

꿈을 꾸었는가? 꾸었다면 어떤 내용이었는가?

오늘 떠오르는 느낌이나 생각은 무엇인가?

2단계 멘탈 트레이닝 [36 일]

❶ 내가 추구하는 삶의 가치는 무엇인가?

❷ 나의 삶에 잠재의식의 힘을 어떻게 적용할 것인가?

❸ 내가 추구하는 삶의 가치를 실현하기 위해서 어떻게 해야 하는가?

❹ 나의 삶에서 풀리지 않았던 고민이나 문제는 무엇인가?

❺ 내가 닮고 싶은 멘탈 강자들의 사고 방식에는 어떤 것이 있는가?

❻ 내가 닮고 싶은 멘탈 강자들의 사고방식 중 내 삶의 가치 실현을 위해 적용할 만한 것은 무엇인가?

❼ 나는 잠재의식에 무엇을 명령하고 싶은가?

❽ 1단계 멘탈 트레이닝을 바탕으로 내가 규정한 최고의 자아 이미지는 어떤 것인가?

오늘의 멘탈 컨디션

100점 만점 기준으로 좋으면 100점에 가깝게, 좋지 않으면 0점에 가깝게 기입한다.

1 잠재의식의 능력에 대한 믿음 지수   점

2 트레이닝 실행 지수   점

3 잠재의식 주권 행사에 대한 욕구 지수   점

4 사고방식의 긍정 지수   점

5 감정 상태   점

6 수면 상태   점

7 마음의 안정 지수   점

8 삶의 행복 지수   점

9 자아 친화력 지수   점

10 목표 달성 욕구 지수   점

합 계   점

평균 멘탈 지수   점

꿈을 꾸었는가? 꾸었다면 어떤 내용이었는가?

오늘 떠오르는 느낌이나 생각은 무엇인가?

2단계 멘탈 트레이닝 [37 일]

❶ 내가 추구하는 삶의 가치는 무엇인가?

❷ 나의 삶에 잠재의식의 힘을 어떻게 적용할 것인가?

❸ 내가 추구하는 삶의 가치를 실현하기 위해서 어떻게 해야 하는가?

❹ 나의 삶에서 풀리지 않았던 고민이나 문제는 무엇인가?

❺ 내가 닮고 싶은 멘탈 강자들의 사고 방식에는 어떤 것이 있는가?

❻ 내가 닮고 싶은 멘탈 강자들의 사고방식 중 내 삶의 가치 실현을 위해 적용할 만한 것은 무엇인가?

❼ 나는 잠재의식에 무엇을 명령하고 싶은가?

❽ 1단계 멘탈 트레이닝을 바탕으로 내가 규정한 최고의 자아 이미지는 어떤 것인가?

오늘의 멘탈 컨디션

100점 만점 기준으로 좋으면 100점에 가깝게, 좋지 않으면 0점에 가깝게 기입한다.

1 잠재의식의 능력에 대한 믿음 지수   점

2 트레이닝 실행 지수   점

3 잠재의식 주권 행사에 대한 욕구 지수   점

4 사고방식의 긍정 지수   점

5 감정 상태   점

6 수면 상태   점

7 마음의 안정 지수   점

8 삶의 행복 지수   점

9 자아 친화력 지수   점

10 목표 달성 욕구 지수   점

합 계   점

평균 멘탈 지수   점

꿈을 꾸었는가? 꾸었다면 어떤 내용이었는가?

오늘 떠오르는 느낌이나 생각은 무엇인가?

❶ 내가 추구하는 삶의 가치는 무엇인가?

❷ 나의 삶에 잠재의식의 힘을 어떻게 적용할 것인가?

❸ 내가 추구하는 삶의 가치를 실현하기 위해서 어떻게 해야 하는가?

❹ 나의 삶에서 풀리지 않았던 고민이나 문제는 무엇인가?

❺ 내가 닮고 싶은 멘탈 강자들의 사고 방식에는 어떤 것이 있는가?

❻ 내가 닮고 싶은 멘탈 강자들의 사고방식 중 내 삶의 가치 실현을 위해 적용할 만한 것은 무엇인가?

❼ 나는 잠재의식에 무엇을 명령하고 싶은가?

❽ 1단계 멘탈 트레이닝을 바탕으로 내가 규정한 최고의 자아 이미지는 어떤 것인가?

오늘의 멘탈 컨디션

100점 만점 기준으로 좋으면 100점에 가깝게, 좋지 않으면 0점에 가깝게 기입한다.

1 잠재의식의 능력에 대한 믿음 지수 ＿＿＿＿＿점	6 수면 상태 ＿＿＿＿＿점	
2 트레이닝 실행 지수 ＿＿＿＿＿점	7 마음의 안정 지수 ＿＿＿＿＿점	
3 잠재의식 주권 행사에 대한 욕구 지수 ＿＿＿＿＿점	8 삶의 행복 지수 ＿＿＿＿＿점	
4 사고방식의 긍정 지수 ＿＿＿＿＿점	9 자아 친화력 지수 ＿＿＿＿＿점	
5 감정 상태 ＿＿＿＿＿점	10 목표 달성 욕구 지수 ＿＿＿＿＿점	
	합 계 ＿＿＿＿＿점	
	평균 멘탈 지수 ＿＿＿＿＿점	

꿈을 꾸었는가? 꾸었다면 어떤 내용이었는가?

오늘 떠오르는 느낌이나 생각은 무엇인가?

2 단계 멘탈 트레이닝 [39 일]

❶ 내가 추구하는 삶의 가치는 무엇인가?

❷ 나의 삶에 잠재의식의 힘을 어떻게 적용할 것인가?

❸ 내가 추구하는 삶의 가치를 실현하기 위해서 어떻게 해야 하는가?

❹ 나의 삶에서 풀리지 않았던 고민이나 문제는 무엇인가?

❺ 내가 닮고 싶은 멘탈 강자들의 사고 방식에는 어떤 것이 있는가?

❻ 내가 닮고 싶은 멘탈 강자들의 사고방식 중 내 삶의 가치 실현을 위해 적용할 만한 것은 무엇인가?

❼ 나는 잠재의식에 무엇을 명령하고 싶은가?

❽ 1단계 멘탈 트레이닝을 바탕으로 내가 규정한 최고의 자아 이미지는 어떤 것인가?

오늘의 멘탈 컨디션

100점 만점 기준으로 좋으면 100점에 가깝게, 좋지 않으면 0점에 가깝게 기입한다.

1 잠재의식의 능력에 대한 믿음 지수
　　　　　　　　　　　　　　점

2 트레이닝 실행 지수　　　　　점

3 잠재의식 주권 행사에 대한 욕구 지수
　　　　　　　　　　　　　　점

4 사고방식의 긍정 지수　　　　점

5 감정 상태　　　　　　　　　점

6 수면 상태　　　　　　　　　점

7 마음의 안정 지수　　　　　　점

8 삶의 행복 지수　　　　　　　점

9 자아 친화력 지수　　　　　　점

10 목표 달성 욕구 지수　　　　점

합 계　　　　　　　　　　　　점

평균 멘탈 지수　　　　　　　　점

꿈을 꾸었는가? 꾸었다면 어떤 내용이었는가?

오늘 떠오르는 느낌이나 생각은 무엇인가?

2단계 멘탈 트레이닝 [40 일]

❶ 내가 추구하는 삶의 가치는 무엇인가?

❷ 나의 삶에 잠재의식의 힘을 어떻게 적용할 것인가?

❸ 내가 추구하는 삶의 가치를 실현하기 위해서 어떻게 해야 하는가?

❹ 나의 삶에서 풀리지 않았던 고민이나 문제는 무엇인가?

❺ 내가 닮고 싶은 멘탈 강자들의 사고 방식에는 어떤 것이 있는가?

❻ 내가 닮고 싶은 멘탈 강자들의 사고방식 중 내 삶의 가치 실현을 위해 적용할 만한
것은 무엇인가?

❼ 나는 잠재의식에 무엇을 명령하고 싶은가?

❽ 1단계 멘탈 트레이닝을 바탕으로 내가 규정한 최고의 자아 이미지는 어떤 것인가?

오늘의 멘탈 컨디션

100점 만점 기준으로 좋으면 100점에 가깝게, 좋지 않으면 0점에 가깝게 기입한다.

1 잠재의식의 능력에 대한 믿음 지수

          점

2 트레이닝 실행 지수　　　　점

3 잠재의식 주권 행사에 대한 욕구 지수

          점

4 사고방식의 긍정 지수　　　점

5 감정 상태　　　　　　점

6 수면 상태　　　　　　점

7 마음의 안정 지수　　　점

8 삶의 행복 지수　　　　점

9 자아 친화력 지수　　　점

10 목표 달성 욕구 지수　　점

합 계　　　　　　　　점

평균 멘탈 지수　　　　점

꿈을 꾸었는가? 꾸었다면 어떤 내용이었는가?

오늘 떠오르는 느낌이나 생각은 무엇인가?

2단계 멘탈 트레이닝 [41 일]

❶ 내가 추구하는 삶의 가치는 무엇인가?

❷ 나의 삶에 잠재의식의 힘을 어떻게 적용할 것인가?

❸ 내가 추구하는 삶의 가치를 실현하기 위해서 어떻게 해야 하는가?

❹ 나의 삶에서 풀리지 않았던 고민이나 문제는 무엇인가?

❺ 내가 닮고 싶은 멘탈 강자들의 사고 방식에는 어떤 것이 있는가?

❻ 내가 닮고 싶은 멘탈 강자들의 사고방식 중 내 삶의 가치 실현을 위해 적용할 만한 것은 무엇인가?

❼ 나는 잠재의식에 무엇을 명령하고 싶은가?

❽ 1단계 멘탈 트레이닝을 바탕으로 내가 규정한 최고의 자아 이미지는 어떤 것인가?

오늘의 멘탈 컨디션

100점 만점 기준으로 좋으면 100점에 가깝게, 좋지 않으면 0점에 가깝게 기입한다.

1 잠재의식의 능력에 대한 믿음 지수
　　　　　　　　　　　　점
2 트레이닝 실행 지수 　　　　점
3 잠재의식 주권 행사에 대한 욕구 지수
　　　　　　　　　　　　점
4 사고방식의 긍정 지수 　　　점
5 감정 상태 　　　　　　　점

6 수면 상태 　　　　　　　점
7 마음의 안정 지수 　　　　점
8 삶의 행복 지수 　　　　　점
9 자아 친화력 지수 　　　　점
10 목표 달성 욕구 지수 　　　점
합 계 　　　　　　　　　점
평균 멘탈 지수 　　　　　　점

꿈을 꾸었는가? 꾸었다면 어떤 내용이었는가?

오늘 떠오르는 느낌이나 생각은 무엇인가?

2 단계 멘탈 트레이닝 [42 일]

❶ 내가 추구하는 삶의 가치는 무엇인가?

❷ 나의 삶에 잠재의식의 힘을 어떻게 적용할 것인가?

❸ 내가 추구하는 삶의 가치를 실현하기 위해서 어떻게 해야 하는가?

❹ 나의 삶에서 풀리지 않았던 고민이나 문제는 무엇인가?

❺ 내가 닮고 싶은 멘탈 강자들의 사고 방식에는 어떤 것이 있는가?

❻ 내가 닮고 싶은 멘탈 강자들의 사고방식 중 내 삶의 가치 실현을 위해 적용할 만한 것은 무엇인가?

❼ 나는 잠재의식에 무엇을 명령하고 싶은가?

❽ 1단계 멘탈 트레이닝을 바탕으로 내가 규정한 최고의 자아 이미지는 어떤 것인가?

오늘의 멘탈 컨디션

100점 만점 기준으로 좋으면 100점에 가깝게, 좋지 않으면 0점에 가깝게 기입한다.

1 잠재의식의 능력에 대한 믿음 지수

　　　　　　　　　　　　　　　점

2 트레이닝 실행 지수 　　　　　점

3 잠재의식 주권 행사에 대한 욕구 지수

　　　　　　　　　　　　　　　점

4 사고방식의 긍정 지수 　　　　점

5 감정 상태 　　　　　　　　　점

6 수면 상태 　　　　　　　　　점

7 마음의 안정 지수 　　　　　　점

8 삶의 행복 지수 　　　　　　　점

9 자아 친화력 지수 　　　　　　점

10 목표 달성 욕구 지수 　　　　점

합 계 　　　　　　　　　　　　점

평균 멘탈 지수 　　　　　　　　점

꿈을 꾸었는가? 꾸었다면 어떤 내용이었는가?

오늘 떠오르는 느낌이나 생각은 무엇인가?

2 단계 멘탈 트레이닝 [43 일]

❶ 내가 추구하는 삶의 가치는 무엇인가?

❷ 나의 삶에 잠재의식의 힘을 어떻게 적용할 것인가?

❸ 내가 추구하는 삶의 가치를 실현하기 위해서 어떻게 해야 하는가?

❹ 나의 삶에서 풀리지 않았던 고민이나 문제는 무엇인가?

❺ 내가 닮고 싶은 멘탈 강자들의 사고 방식에는 어떤 것이 있는가?

❻ 내가 닮고 싶은 멘탈 강자들의 사고방식 중 내 삶의 가치 실현을 위해 적용할 만한 것은 무엇인가?

❼ 나는 잠재의식에 무엇을 명령하고 싶은가?

❽ 1단계 멘탈 트레이닝을 바탕으로 내가 규정한 최고의 자아 이미지는 어떤 것인가?

오늘의 멘탈 컨디션

100점 만점 기준으로 좋으면 100점에 가깝게, 좋지 않으면 0점에 가깝게 기입한다.

1 잠재의식의 능력에 대한 믿음 지수
　　　　　　　　　　　점
2 트레이닝 실행 지수 　　　점
3 잠재의식 주권 행사에 대한 욕구 지수
　　　　　　　　　　　점
4 사고방식의 긍정 지수 　　　점
5 감정 상태 　　　점

6 수면 상태 　　　점
7 마음의 안정 지수 　　　점
8 삶의 행복 지수 　　　점
9 자아 친화력 지수 　　　점
10 목표 달성 욕구 지수 　　　점
합 계 　　　점
평균 멘탈 지수 　　　점

꿈을 꾸었는가? 꾸었다면 어떤 내용이었는가?

오늘 떠오르는 느낌이나 생각은 무엇인가?

2단계 멘탈 트레이닝 [44 일]

❶ 내가 추구하는 삶의 가치는 무엇인가?

❷ 나의 삶에 잠재의식의 힘을 어떻게 적용할 것인가?

❸ 내가 추구하는 삶의 가치를 실현하기 위해서 어떻게 해야 하는가?

❹ 나의 삶에서 풀리지 않았던 고민이나 문제는 무엇인가?

❺ 내가 닮고 싶은 멘탈 강자들의 사고 방식에는 어떤 것이 있는가?

❻ 내가 닮고 싶은 멘탈 강자들의 사고방식 중 내 삶의 가치 실현을 위해 적용할 만한 것은 무엇인가?

❼ 나는 잠재의식에 무엇을 명령하고 싶은가?

❽ 1단계 멘탈 트레이닝을 바탕으로 내가 규정한 최고의 자아 이미지는 어떤 것인가?

오늘의 멘탈 컨디션

100점 만점 기준으로 좋으면 100점에 가깝게, 좋지 않으면 0점에 가깝게 기입한다.

1 잠재의식의 능력에 대한 믿음 지수

                                  점

2 트레이닝 실행 지수 　　　　　 점

3 잠재의식 주권 행사에 대한 욕구 지수

                                  점

4 사고방식의 긍정 지수 　　　　 점

5 감정 상태 　　　　　　　　　 점

6 수면 상태 　　　　　　　　　 점

7 마음의 안정 지수 　　　　　　 점

8 삶의 행복 지수 　　　　　　　 점

9 자아 친화력 지수 　　　　　　 점

10 목표 달성 욕구 지수 　　　　 점

합 계 　　　　　　　　　　　 점

평균 멘탈 지수 　　　　　　　 점

꿈을 꾸었는가? 꾸었다면 어떤 내용이었는가?

오늘 떠오르는 느낌이나 생각은 무엇인가?

2단계 멘탈 트레이닝 [45 일]

❶ 내가 추구하는 삶의 가치는 무엇인가?

❷ 나의 삶에 잠재의식의 힘을 어떻게 적용할 것인가?

❸ 내가 추구하는 삶의 가치를 실현하기 위해서 어떻게 해야 하는가?

❹ 나의 삶에서 풀리지 않았던 고민이나 문제는 무엇인가?

❺ 내가 닮고 싶은 멘탈 강자들의 사고 방식에는 어떤 것이 있는가?

❻ 내가 닮고 싶은 멘탈 강자들의 사고방식 중 내 삶의 가치 실현을 위해 적용할 만한 것은 무엇인가?

❼ 나는 잠재의식에 무엇을 명령하고 싶은가?

❽ 1단계 멘탈 트레이닝을 바탕으로 내가 규정한 최고의 자아 이미지는 어떤 것인가?

오늘의 멘탈 컨디션

100점 만점 기준으로 좋으면 100점에 가깝게, 좋지 않으면 0점에 가깝게 기입한다.

1 잠재의식의 능력에 대한 믿음 지수
　　　　　　　　　　　　점

2 트레이닝 실행 지수 　　　점

3 잠재의식 주권 행사에 대한 욕구 지수
　　　　　　　　　　　　점

4 사고방식의 긍정 지수 　　　점

5 감정 상태 　　　점

6 수면 상태 　　　점

7 마음의 안정 지수 　　　점

8 삶의 행복 지수 　　　점

9 자아 친화력 지수 　　　점

10 목표 달성 욕구 지수 　　　점

합 계 　　　점

평균 멘탈 지수 　　　점

꿈을 꾸었는가? 꾸었다면 어떤 내용이었는가?

오늘 떠오르는 느낌이나 생각은 무엇인가?

2단계 멘탈 트레이닝 [46 일]

❶ 내가 추구하는 삶의 가치는 무엇인가?

❷ 나의 삶에 잠재의식의 힘을 어떻게 적용할 것인가?

❸ 내가 추구하는 삶의 가치를 실현하기 위해서 어떻게 해야 하는가?

❹ 나의 삶에서 풀리지 않았던 고민이나 문제는 무엇인가?

❺ 내가 닮고 싶은 멘탈 강자들의 사고 방식에는 어떤 것이 있는가?

❻ 내가 닮고 싶은 멘탈 강자들의 사고방식 중 내 삶의 가치 실현을 위해 적용할 만한
   것은 무엇인가?

❼ 나는 잠재의식에 무엇을 명령하고 싶은가?

❽ 1단계 멘탈 트레이닝을 바탕으로 내가 규정한 최고의 자아 이미지는 어떤 것인가?

오늘의 멘탈 컨디션

100점 만점 기준으로 좋으면 100점에 가깝게, 좋지 않으면 0점에 가깝게 기입한다.

1 잠재의식의 능력에 대한 믿음 지수   6 수면 상태   점

                                   점   7 마음의 안정 지수   점

2 트레이닝 실행 지수   점   8 삶의 행복 지수   점

3 잠재의식 주권 행사에 대한 욕구 지수   9 자아 친화력 지수   점

                                   점   10 목표 달성 욕구 지수   점

4 사고방식의 긍정 지수   점   합 계   점

5 감정 상태   점   평균 멘탈 지수   점

꿈을 꾸었는가? 꾸었다면 어떤 내용이었는가?

오늘 떠오르는 느낌이나 생각은 무엇인가?

2단계 멘탈 트레이닝 [47 일]

❶ 내가 추구하는 삶의 가치는 무엇인가?

❷ 나의 삶에 잠재의식의 힘을 어떻게 적용할 것인가?

❸ 내가 추구하는 삶의 가치를 실현하기 위해서 어떻게 해야 하는가?

❹ 나의 삶에서 풀리지 않았던 고민이나 문제는 무엇인가?

❺ 내가 닮고 싶은 멘탈 강자들의 사고 방식에는 어떤 것이 있는가?

❻ 내가 닮고 싶은 멘탈 강자들의 사고방식 중 내 삶의 가치 실현을 위해 적용할 만한 것은 무엇인가?

❼ 나는 잠재의식에 무엇을 명령하고 싶은가?

❽ 1단계 멘탈 트레이닝을 바탕으로 내가 규정한 최고의 자아 이미지는 어떤 것인가?

오늘의 멘탈 컨디션

100점 만점 기준으로 좋으면 100점에 가깝게, 좋지 않으면 0점에 가깝게 기입한다.

1 잠재의식의 능력에 대한 믿음 지수

　　　　　　　　　　　　　　　점

2 트레이닝 실행 지수　　　　　점

3 잠재의식 주권 행사에 대한 욕구 지수

　　　　　　　　　　　　　　　점

4 사고방식의 긍정 지수　　　　점

5 감정 상태　　　　　　　　　점

6 수면 상태　　　　　　　　　점

7 마음의 안정 지수　　　　　　점

8 삶의 행복 지수　　　　　　　점

9 자아 친화력 지수　　　　　　점

10 목표 달성 욕구 지수　　　　점

합 계　　　　　　　　　　　　점

평균 멘탈 지수　　　　　　　　점

꿈을 꾸었는가? 꾸었다면 어떤 내용이었는가?

오늘 떠오르는 느낌이나 생각은 무엇인가?

2단계 멘탈 트레이닝 [48 일]

❶ 내가 추구하는 삶의 가치는 무엇인가?

❷ 나의 삶에 잠재의식의 힘을 어떻게 적용할 것인가?

❸ 내가 추구하는 삶의 가치를 실현하기 위해서 어떻게 해야 하는가?

❹ 나의 삶에서 풀리지 않았던 고민이나 문제는 무엇인가?

❺ 내가 닮고 싶은 멘탈 강자들의 사고 방식에는 어떤 것이 있는가?

❻ 내가 닮고 싶은 멘탈 강자들의 사고방식 중 내 삶의 가치 실현을 위해 적용할 만한 것은 무엇인가?

❼ 나는 잠재의식에 무엇을 명령하고 싶은가?

❽ 1단계 멘탈 트레이닝을 바탕으로 내가 규정한 최고의 자아 이미지는 어떤 것인가?

오늘의 멘탈 컨디션

100점 만점 기준으로 좋으면 100점에 가깝게, 좋지 않으면 0점에 가깝게 기입한다.

1 잠재의식의 능력에 대한 믿음 지수

점

2 트레이닝 실행 지수 점

3 잠재의식 주권 행사에 대한 욕구 지수

점

4 사고방식의 긍정 지수 점

5 감정 상태 점

6 수면 상태 점

7 마음의 안정 지수 점

8 삶의 행복 지수 점

9 자아 친화력 지수 점

10 목표 달성 욕구 지수 점

합 계 점

평균 멘탈 지수 점

꿈을 꾸었는가? 꾸었다면 어떤 내용이었는가?

오늘 떠오르는 느낌이나 생각은 무엇인가?

2 단계 멘탈 트레이닝 [49 일]

❶ 내가 추구하는 삶의 가치는 무엇인가?

❷ 나의 삶에 잠재의식의 힘을 어떻게 적용할 것인가?

❸ 내가 추구하는 삶의 가치를 실현하기 위해서 어떻게 해야 하는가?

❹ 나의 삶에서 풀리지 않았던 고민이나 문제는 무엇인가?

❺ 내가 닮고 싶은 멘탈 강자들의 사고 방식에는 어떤 것이 있는가?

❻ 내가 닮고 싶은 멘탈 강자들의 사고방식 중 내 삶의 가치 실현을 위해 적용할 만한
  것은 무엇인가?

❼ 나는 잠재의식에 무엇을 명령하고 싶은가?

❽ 1단계 멘탈 트레이닝을 바탕으로 내가 규정한 최고의 자아 이미지는 어떤 것인가?

오늘의 멘탈 컨디션

100점 만점 기준으로 좋으면 100점에 가깝게, 좋지 않으면 0점에 가깝게 기입한다.

1 잠재의식의 능력에 대한 믿음 지수

　　　　　　　　　　　　　　　점

2 트레이닝 실행 지수 　　　　　점

3 잠재의식 주권 행사에 대한 욕구 지수

　　　　　　　　　　　　　　　점

4 사고방식의 긍정 지수 　　　　점

5 감정 상태 　　　　　　　　　점

6 수면 상태 　　　　　　　　　점

7 마음의 안정 지수 　　　　　　점

8 삶의 행복 지수 　　　　　　　점

9 자아 친화력 지수 　　　　　　점

10 목표 달성 욕구 지수 　　　　점

합 계 　　　　　　　　　　　　점

평균 멘탈 지수 　　　　　　　　점

꿈을 꾸었는가? 꾸었다면 어떤 내용이었는가?

오늘 떠오르는 느낌이나 생각은 무엇인가?

2단계 멘탈 트레이닝 [50 일]

❶ 내가 추구하는 삶의 가치는 무엇인가?

❷ 나의 삶에 잠재의식의 힘을 어떻게 적용할 것인가?

❸ 내가 추구하는 삶의 가치를 실현하기 위해서 어떻게 해야 하는가?

❹ 나의 삶에서 풀리지 않았던 고민이나 문제는 무엇인가?

❺ 내가 닮고 싶은 멘탈 강자들의 사고 방식에는 어떤 것이 있는가?

❻ 내가 닮고 싶은 멘탈 강자들의 사고방식 중 내 삶의 가치 실현을 위해 적용할 만한 것은 무엇인가?

❼ 나는 잠재의식에 무엇을 명령하고 싶은가?

❽ 1단계 멘탈 트레이닝을 바탕으로 내가 규정한 최고의 자아 이미지는 어떤 것인가?

오늘의 멘탈 컨디션

100점 만점 기준으로 좋으면 100점에 가깝게, 좋지 않으면 0점에 가깝게 기입한다.

1 잠재의식의 능력에 대한 믿음 지수
　　　　　　　　　　　　　　　　점

2 트레이닝 실행 지수 　　　　　점

3 잠재의식 주권 행사에 대한 욕구 지수
　　　　　　　　　　　　　　　　점

4 사고방식의 긍정 지수 　　　　점

5 감정 상태 　　　　　　　　　점

6 수면 상태 　　　　　　　　　점

7 마음의 안정 지수 　　　　　　점

8 삶의 행복 지수 　　　　　　　점

9 자아 친화력 지수 　　　　　　점

10 목표 달성 욕구 지수 　　　　점

합 계 　　　　　　　　　　　　점

평균 멘탈 지수 　　　　　　　　점

꿈을 꾸었는가? 꾸었다면 어떤 내용이었는가?

오늘 떠오르는 느낌이나 생각은 무엇인가?

최고의 자아 이미지를
잠재의식에 각인

🖌 '심리적 햇살'을 받아 정신에 의미 부여

3단계 멘탈 트레이닝 코스에서는 2단계의 여러 가지 실험을 토대로 단 한 가지에 집중하는 트레이닝 과정을 경험하게 될 것이다. 최고의 자아 이미지를 잠재의식에 명령하는 단계에서 여러 자아상이나 이미지를 잠재의식에 전송해서는 안 된다. 원하는 최고의 자아상이 명확하면 명확할수록 잠재의식이 활동하기가 쉽기 때문이다. 자신이 원하는 것에 대해 딱 한 문장으로 설명할 수 있어야 한다.

잠재의식은 현재형이다. 당신의 소망이 실현되는 것이 미래형이 아닌 현재형으로 일어나는 곳이 꿈이다. 그리고 이것은 깊은 확신을 가질수록 선명하게 나타난다. 그래서 자신이 원하는 것에 대해 소망하거나, 미래형으로 생각하지 말고 이미 다 성취했다고 믿는 것이 중요하다. 희망하는 것만으로는 부족하다. 희망은 나약한 멘탈이 반영된 것이다. 멘탈을 강화하기 위해서는 단언하고 확신하라. 반드시 자신의 떠올린 최고의 자아 이미지대로 실현되고 있다는 현재형으로 인식하라.

3단계인 25일 동안 최고가 된 나를 잠재의식에 각인하는 것은 멘탈 트레이닝 코스의 핵심이다. 잠재의식은 어떻게든 각인된 생각이나 이미지를 현실로 만들고 마는 특징이 있다. 잠재의식에 각인된 생각이나 이미지가 강할수록 현실에 투영되는 것도 비례한다. 그래서 사람이 하는 평소의 생각은 대부분 현실로 나타난다. 그 생각에 뇌가 노출되는 시간이 길면 길수록 현실로 빠르게 나타난다.

1단계 멘탈 트레이닝을 통해 자신의 자원을 찾고 그 자원을 토대로 2단계 트레이닝 과정에서 세상에 실현해야 할 가치를 찾았다면 3단계 트레이닝에서는 그 가치를 이미 실현해서 최고의 자아가 된 경지를 현재형으로 잠재의식에 각인해야 한다. 이 때 필요한 것은 강한 믿음이다. 여기에 조금이라도 의심이나 불안, 걱정을 떠올리면 잠재의식은 부정형을 인식하는 능력이 없으므로 불안과 걱정, 의심을 각인하게 된다.

3단계 멘탈 트레이닝의 핵심은 '심리적 햇살'을 받는 것이다. 심리

멘탈 트레이닝

적 햇살이란 멘탈 트레이닝을 하는데 있어 강한 동기를 품게 해주는 효율이 좋은 연료와 같다. 멘탈 트레이닝의 연비를 높이려면 강한 심리적 햇살에 멘탈을 노출시켜야 한다. 따뜻한 바람이 불면 몸과 마음이 훈훈해지듯이 따뜻한 심리적 햇살을 쪼이는 것은 멘탈 트레이닝을 의도한 대로 수행할 수 있게 도와준다. 심리적 햇살을 받기 위해서는 스스로의 강점을 찾을 수 있어야한다. 자신의 강점을 칭찬하라. 사소한 것이라도 좋다. 누군가 자신을 칭찬해주기를 기다리지 말고 스스로를 칭찬해야 한다. 칭찬은 고래도 춤추게 하지만 비난과 질타는 천하장사도 쓰러지게 한다. 심리적 햇살을 충분히 받아 가슴 속에서 뜨거운 것이 치밀어 올라오는 것을 경험해 보아야 한다.

여자골프 세계 1위를 오랜기간 유지했던 박인비는 2008년 이후 하루도 빠지지 않고 멘탈 트레이닝을 해왔다고 고백했다. 하루도 거르지 않고 해온 멘탈 트레이닝 덕분에 박인비는 2013년 메이저 대회 3회 우승을 차지한다. 그런 박인비가 멘탈 트레이닝을 하며 매일 빼먹지 않는 것이 일기를 쓰는 일이었다고 한다. 그녀는 이 일기에 자신이 그날 한 일 중에 스스로 칭찬받을 만한 일을 기록했다. 이처럼 심리적 햇살은 자신의 마음을 따뜻하게 만드는 것, 떠올리기만 해도 미소가 지어지는, 자신을 근본적으로 행복하게 만드는 것에 집중하는 것이다. 그리고 그 행복함을 자신과 일치시키고, 그 행복함이 가져다 줄 미래를 확신해야 한다.

자, 그렇다면 이 심리적 햇살을 받아 감정과 정신에 어떤 의미를 부여할 것인가. 3단계 멘탈 트레이닝에 들어설 때쯤이면 멘탈 트레이닝을 한지 50일이 지나면서 멘탈 트레이닝을 시도하려 했던 초심으로 돌아가 다시 동기부여를 강력하게 해야 할 때이다. 당신은 왜 멘탈 트레이닝을 시도하려 했던가? 유리 멘탈에서 벗어나 멘탈 트레이닝을 통해 멘탈의 강자로 거듭난 자신의 모습을 위한 것이 아니었나? 멘탈의 강자로 거듭나면 매사에 자신감이 넘치고 자아를 존중하며 어떤 어려움이 다가온다 해도 거뜬히 이겨낼 힘을 얻을 수 있다.

목표를 이루고 꿈을 이루고 최고의 인생을 사는 자신의 모습을 확신하라. 이 확신을 할 때의 느낌과 감정이 어떤 것인지 잠재의식에 전송하라.

★ <u>단계별 멘탈 트레이닝 기록 작성 예시 (독자들의 실제 작성 내용을 옮김)</u>

3 단계 멘탈 트레이닝 [00 일]

❶ 내가 생각하는 최고의 인생이란 무엇인가?

자유자재로 몰입하는 삶/ 설거지하면서도 즐거운 삶/ 아침이 오는 게 설레이고,
즐겁게 아침을 맞이하는 삶/ 최고의 행복과 긍정으로 현재를 즐기는 인생/ 사회
에 가치를 주고 공헌하는 인생

❷ 심리적 햇살을 받기 위해 나는 어떤 생각을 해야 하는가?

나 자신을 최고로 'VIP'로 대접하자./ 하루하루 나를 칭찬하고 격려한다. 응원한
다./ 내가 스스로 '나자신의 편'이 되어보자.

❸ 원하는 목표가 이루어진 현재완료형의 문장으로 나를 표현해보자.

나는 상상하는 것들을 반드시 현실화한다./ 나는 긍정과 행복의 전도사다./ 나는
아이디어 뱅크라서 난문쾌답을 주는 박사다. / 나는 언제든지 몰입한다. 나는 스
스로 증명한다./ 나는 소통, 변화 전문가다. 나는 세상을 변화시킨다. 나는 세상
에 긍정과 행복의 가치를 준다.

❹ 최고의 인생을 사는 자신을 떠올릴 때 드는 감정과 느낌은 어떤 것인가?

행복하다. 선한 영향력을 갖고 싶다./ 편안하다. 열정과 희망으로 가득차다./ 더
행동하고 매진한다. 더 납작 엎드린다. 겸손하자!

❺ 오늘 스스로에게 어떤 칭찬을 해주었는가?

실패해도 중단하지 않는 나를 격려해줬다. 20년 동안 긍정적인 변화도 노력도 없
었지만, 6개월 동안 더 많은 변화와 노력하는 나는 이미 위대하다!

❻ 심리적 햇살을 받은 후 자신의 감정상태는 어떠했는가?

자신감과 열정으로 가득찼다. 독서, 필사, 멘탈 트레이닝. 그리고 실천력으로 다 할 수 있
다. 나만의 브랜드 가치를 창조하고 선한 영향력을 끼칠 수 있다.

3 단계 멘탈 트레이닝 [51 일]

❶ 내가 생각하는 최고의 인생이란 무엇인가?

❷ 심리적 햇살을 받기 위해 나는 어떤 생각을 해야 하는가?

❸ 원하는 목표가 이루어진 현재완료형의 문장으로 나를 표현해보자.

❹ 최고의 인생을 사는 자신을 떠올릴 때 드는 감정과 느낌은 어떤 것인가?

❺ 오늘 스스로에게 어떤 칭찬을 해주었는가?

❻ 심리적 햇살을 받은 후 자신의 감정상태는 어떠했는가?

오늘의 멘탈 컨디션

100점 만점 기준으로 좋으면 100점에 가깝게, 좋지 않으면 0점에 가깝게 기입한다.

1 자아 실현 가능성 지수	점	7 잠재의식 활동 지수	점
2 자신감 지수	점	8 동기 부여 지수	점
3 확신감 지수	점	9 대범함 지수	점
4 진취성 지수	점	10 현재의식과 잠재의식 일치 지수	점
5 감정 상태	점	합 계	점
6 수면 상태	점	평균 멘탈 지수	점

꿈을 꾸었는가? 꾸었다면 어떤 내용이었는가?

오늘 떠오르는 느낌이나 생각은 무엇인가?

3 단계 멘탈 트레이닝 [52 일]

❶ 내가 생각하는 최고의 인생이란 무엇인가?

❷ 심리적 햇살을 받기 위해 나는 어떤 생각을 해야 하는가?

❸ 원하는 목표가 이루어진 현재완료형의 문장으로 나를 표현해보자.

❹ 최고의 인생을 사는 자신을 떠올릴 때 드는 감정과 느낌은 어떤 것인가?

❺ 오늘 스스로에게 어떤 칭찬을 해주었는가?

❻ 심리적 햇살을 받은 후 자신의 감정상태는 어떠했는가?

오늘의 멘탈 컨디션

100점 만점 기준으로 좋으면 100점에 가깝게, 좋지 않으면 0점에 가깝게 기입한다.

1 자아 실현 가능성 지수 ⬚점	7 잠재의식 활동 지수 ⬚점
2 자신감 지수 ⬚점	8 동기 부여 지수 ⬚점
3 확신감 지수 ⬚점	9 대범함 지수 ⬚점
4 진취성 지수 ⬚점	10 현재의식과 잠재의식 일치 지수 ⬚점
5 감정 상태 ⬚점	합 계 ⬚점
6 수면 상태 ⬚점	평균 멘탈 지수 ⬚점

꿈을 꾸었는가? 꾸었다면 어떤 내용이었는가?

오늘 떠오르는 느낌이나 생각은 무엇인가?

3 단계 멘탈 트레이닝 [53 일]

❶ 내가 생각하는 최고의 인생이란 무엇인가?

❷ 심리적 햇살을 받기 위해 나는 어떤 생각을 해야 하는가?

❸ 원하는 목표가 이루어진 현재완료형의 문장으로 나를 표현해보자.

❹ 최고의 인생을 사는 자신을 떠올릴 때 드는 감정과 느낌은 어떤 것인가?

❺ 오늘 스스로에게 어떤 칭찬을 해주었는가?

❻ 심리적 햇살을 받은 후 자신의 감정상태는 어떠했는가?

오늘의 멘탈 컨디션

100점 만점 기준으로 좋으면 100점에 가깝게, 좋지 않으면 0점에 가깝게 기입한다.

1 자아 실현 가능성 지수 ▨▨▨ 점	7 잠재의식 활동 지수 ▨▨▨ 점
2 자신감 지수 ▨▨▨ 점	8 동기 부여 지수 ▨▨▨ 점
3 확신감 지수 ▨▨▨ 점	9 대범함 지수 ▨▨▨ 점
4 진취성 지수 ▨▨▨ 점	10 현재의식과 잠재의식 일치 지수 ▨ 점
5 감정 상태 ▨▨▨ 점	합 계 ▨▨▨ 점
6 수면 상태 ▨▨▨ 점	평균 멘탈 지수 ▨▨▨ 점

꿈을 꾸었는가? 꾸었다면 어떤 내용이었는가?

오늘 떠오르는 느낌이나 생각은 무엇인가?

3단계 멘탈 트레이닝 [54 일]

❶ 내가 생각하는 최고의 인생이란 무엇인가?

❷ 심리적 햇살을 받기 위해 나는 어떤 생각을 해야 하는가?

❸ 원하는 목표가 이루어진 현재완료형의 문장으로 나를 표현해보자.

❹ 최고의 인생을 사는 자신을 떠올릴 때 드는 감정과 느낌은 어떤 것인가?

❺ 오늘 스스로에게 어떤 칭찬을 해주었는가?

❻ 심리적 햇살을 받은 후 자신의 감정상태는 어떠했는가?

오늘의 멘탈 컨디션

100점 만점 기준으로 좋으면 100점에 가깝게, 좋지 않으면 0점에 가깝게 기입한다.

1 자아 실현 가능성 지수 ⬛⬛⬛점
2 자신감 지수 ⬛⬛⬛⬛⬛점
3 확신감 지수 ⬛⬛⬛⬛⬛점
4 진취성 지수 ⬛⬛⬛⬛⬛점
5 감정 상태 ⬛⬛⬛⬛⬛점
6 수면 상태 ⬛⬛⬛⬛⬛점

7 잠재의식 활동 지수 ⬛⬛⬛점
8 동기 부여 지수 ⬛⬛⬛⬛점
9 대범함 지수 ⬛⬛⬛⬛점
10 현재의식과 잠재의식 일치 지수 ⬛점
합 계 ⬛⬛⬛⬛⬛점
평균 멘탈 지수 ⬛⬛⬛⬛점

꿈을 꾸었는가? 꾸었다면 어떤 내용이었는가?

오늘 떠오르는 느낌이나 생각은 무엇인가?

3 단계 멘탈 트레이닝 [55 일]

❶ 내가 생각하는 최고의 인생이란 무엇인가?

❷ 심리적 햇살을 받기 위해 나는 어떤 생각을 해야 하는가?

❸ 원하는 목표가 이루어진 현재완료형의 문장으로 나를 표현해보자.

❹ 최고의 인생을 사는 자신을 떠올릴 때 드는 감정과 느낌은 어떤 것인가?

❺ 오늘 스스로에게 어떤 칭찬을 해주었는가?

❻ 심리적 햇살을 받은 후 자신의 감정상태는 어떠했는가?

오늘의 멘탈 컨디션

100점 만점 기준으로 좋으면 100점에 가깝게, 좋지 않으면 0점에 가깝게 기입한다.

1 자아 실현 가능성 지수 ____ 점	7 잠재의식 활동 지수 ____ 점
2 자신감 지수 ____ 점	8 동기 부여 지수 ____ 점
3 확신감 지수 ____ 점	9 대범함 지수 ____ 점
4 진취성 지수 ____ 점	10 현재의식과 잠재의식 일치 지수 ____ 점
5 감정 상태 ____ 점	합 계 ____ 점
6 수면 상태 ____ 점	평균 멘탈 지수 ____ 점

꿈을 꾸었는가? 꾸었다면 어떤 내용이었는가?

오늘 떠오르는 느낌이나 생각은 무엇인가?

3단계 멘탈 트레이닝 [56 일]

❶ 내가 생각하는 최고의 인생이란 무엇인가?

❷ 심리적 햇살을 받기 위해 나는 어떤 생각을 해야 하는가?

❸ 원하는 목표가 이루어진 현재완료형의 문장으로 나를 표현해보자.

❹ 최고의 인생을 사는 자신을 떠올릴 때 드는 감정과 느낌은 어떤 것인가?

❺ 오늘 스스로에게 어떤 칭찬을 해주었는가?

❻ 심리적 햇살을 받은 후 자신의 감정상태는 어떠했는가?

오늘의 멘탈 컨디션

100점 만점 기준으로 좋으면 100점에 가깝게, 좋지 않으면 0점에 가깝게 기입한다.

1 자아 실현 가능성 지수	점	7 잠재의식 활동 지수	점
2 자신감 지수	점	8 동기 부여 지수	점
3 확신감 지수	점	9 대범함 지수	점
4 진취성 지수	점	10 현재의식과 잠재의식 일치 지수	점
5 감정 상태	점	합 계	점
6 수면 상태	점	평균 멘탈 지수	점

꿈을 꾸었는가? 꾸었다면 어떤 내용이었는가?

오늘 떠오르는 느낌이나 생각은 무엇인가?

3 단계 멘탈 트레이닝 [57 일]

❶ 내가 생각하는 최고의 인생이란 무엇인가?

❷ 심리적 햇살을 받기 위해 나는 어떤 생각을 해야 하는가?

❸ 원하는 목표가 이루어진 현재완료형의 문장으로 나를 표현해보자.

❹ 최고의 인생을 사는 자신을 떠올릴 때 드는 감정과 느낌은 어떤 것인가?

❺ 오늘 스스로에게 어떤 칭찬을 해주었는가?

❻ 심리적 햇살을 받은 후 자신의 감정상태는 어떠했는가?

오늘의 멘탈 컨디션

100점 만점 기준으로 좋으면 100점에 가깝게, 좋지 않으면 0점에 가깝게 기입한다.

1 자아 실현 가능성 지수   점
2 자신감 지수   점
3 확신감 지수   점
4 진취성 지수   점
5 감정 상태   점
6 수면 상태   점

7 잠재의식 활동 지수   점
8 동기 부여 지수   점
9 대범함 지수   점
10 현재의식과 잠재의식 일치 지수 점
합 계   점
평균 멘탈 지수   점

꿈을 꾸었는가? 꾸었다면 어떤 내용이었는가?

오늘 떠오르는 느낌이나 생각은 무엇인가?

멘탈 트레이닝

3단계 멘탈 트레이닝 [58 일]

❶ 내가 생각하는 최고의 인생이란 무엇인가?

❷ 심리적 햇살을 받기 위해 나는 어떤 생각을 해야 하는가?

❸ 원하는 목표가 이루어진 현재완료형의 문장으로 나를 표현해보자.

❹ 최고의 인생을 사는 자신을 떠올릴 때 드는 감정과 느낌은 어떤 것인가?

❺ 오늘 스스로에게 어떤 칭찬을 해주었는가?

❻ 심리적 햇살을 받은 후 자신의 감정상태는 어떠했는가?

오늘의 멘탈 컨디션

100점 만점 기준으로 좋으면 100점에 가깝게, 좋지 않으면 0점에 가깝게 기입한다.

1 자아 실현 가능성 지수	점	7 잠재의식 활동 지수	점
2 자신감 지수	점	8 동기 부여 지수	점
3 확신감 지수	점	9 대범함 지수	점
4 진취성 지수	점	10 현재의식과 잠재의식 일치 지수	점
5 감정 상태	점	합 계	점
6 수면 상태	점	평균 멘탈 지수	점

꿈을 꾸었는가? 꾸었다면 어떤 내용이었는가?

오늘 떠오르는 느낌이나 생각은 무엇인가?

3단계 멘탈 트레이닝 [59 일]

❶ 내가 생각하는 최고의 인생이란 무엇인가?

❷ 심리적 햇살을 받기 위해 나는 어떤 생각을 해야 하는가?

❸ 원하는 목표가 이루어진 현재완료형의 문장으로 나를 표현해보자.

❹ 최고의 인생을 사는 자신을 떠올릴 때 드는 감정과 느낌은 어떤 것인가?

❺ 오늘 스스로에게 어떤 칭찬을 해주었는가?

❻ 심리적 햇살을 받은 후 자신의 감정상태는 어떠했는가?

오늘의 멘탈 컨디션

100점 만점 기준으로 좋으면 100점에 가깝게, 좋지 않으면 0점에 가깝게 기입한다.

1 자아 실현 가능성 지수	점	7 잠재의식 활동 지수	점
2 자신감 지수	점	8 동기 부여 지수	점
3 확신감 지수	점	9 대범함 지수	점
4 진취성 지수	점	10 현재의식과 잠재의식 일치 지수	점
5 감정 상태	점	합 계	점
6 수면 상태	점	평균 멘탈 지수	점

꿈을 꾸었는가? 꾸었다면 어떤 내용이었는가?

오늘 떠오르는 느낌이나 생각은 무엇인가?

3단계 멘탈 트레이닝 [60 일]

❶ 내가 생각하는 최고의 인생이란 무엇인가?

❷ 심리적 햇살을 받기 위해 나는 어떤 생각을 해야 하는가?

❸ 원하는 목표가 이루어진 현재완료형의 문장으로 나를 표현해보자.

❹ 최고의 인생을 사는 자신을 떠올릴 때 드는 감정과 느낌은 어떤 것인가?

❺ 오늘 스스로에게 어떤 칭찬을 해주었는가?

❻ 심리적 햇살을 받은 후 자신의 감정상태는 어떠했는가?

오늘의 멘탈 컨디션

100점 만점 기준으로 좋으면 100점에 가깝게, 좋지 않으면 0점에 가깝게 기입한다.

1 자아 실현 가능성 지수 　　　　　점
2 자신감 지수 　　　　　점
3 확신감 지수 　　　　　점
4 진취성 지수 　　　　　점
5 감정 상태 　　　　　점
6 수면 상태 　　　　　점

7 잠재의식 활동 지수 　　　　　점
8 동기 부여 지수 　　　　　점
9 대범함 지수 　　　　　점
10 현재의식과 잠재의식 일치 지수 　점
합 계 　　　　　점
평균 멘탈 지수 　　　　　점

꿈을 꾸었는가? 꾸었다면 어떤 내용이었는가?

오늘 떠오르는 느낌이나 생각은 무엇인가?

3단계 **멘탈 트레이닝 [61 일]**

❶ 내가 생각하는 최고의 인생이란 무엇인가?

❷ 심리적 햇살을 받기 위해 나는 어떤 생각을 해야 하는가?

❸ 원하는 목표가 이루어진 현재완료형의 문장으로 나를 표현해보자.

❹ 최고의 인생을 사는 자신을 떠올릴 때 드는 감정과 느낌은 어떤 것인가?

❺ 오늘 스스로에게 어떤 칭찬을 해주었는가?

❻ 심리적 햇살을 받은 후 자신의 감정상태는 어떠했는가?

오늘의 멘탈 컨디션

100점 만점 기준으로 좋으면 100점에 가깝게, 좋지 않으면 0점에 가깝게 기입한다.

1	자아 실현 가능성 지수	점	7	잠재의식 활동 지수	점
2	자신감 지수	점	8	동기 부여 지수	점
3	확신감 지수	점	9	대범함 지수	점
4	진취성 지수	점	10	현재의식과 잠재의식 일치 지수	점
5	감정 상태	점		합 계	점
6	수면 상태	점		평균 멘탈 지수	점

꿈을 꾸었는가? 꾸었다면 어떤 내용이었는가?

오늘 떠오르는 느낌이나 생각은 무엇인가?

3단계 멘탈 트레이닝 [62 일]

❶ 내가 생각하는 최고의 인생이란 무엇인가?

❷ 심리적 햇살을 받기 위해 나는 어떤 생각을 해야 하는가?

❸ 원하는 목표가 이루어진 현재완료형의 문장으로 나를 표현해보자.

❹ 최고의 인생을 사는 자신을 떠올릴 때 드는 감정과 느낌은 어떤 것인가?

❺ 오늘 스스로에게 어떤 칭찬을 해주었는가?

❻ 심리적 햇살을 받은 후 자신의 감정상태는 어떠했는가?

오늘의 멘탈 컨디션

100점 만점 기준으로 좋으면 100점에 가깝게, 좋지 않으면 0점에 가깝게 기입한다.

1 자아 실현 가능성 지수   점   7 잠재의식 활동 지수   점

2 자신감 지수   점   8 동기 부여 지수   점

3 확신감 지수   점   9 대범함 지수   점

4 진취성 지수   점   10 현재의식과 잠재의식 일치 지수   점

5 감정 상태   점   합 계   점

6 수면 상태   점   평균 멘탈 지수   점

꿈을 꾸었는가? 꾸었다면 어떤 내용이었는가?

오늘 떠오르는 느낌이나 생각은 무엇인가?

3 단계 멘탈 트레이닝 [63 일]

❶ 내가 생각하는 최고의 인생이란 무엇인가?

❷ 심리적 햇살을 받기 위해 나는 어떤 생각을 해야 하는가?

❸ 원하는 목표가 이루어진 현재완료형의 문장으로 나를 표현해보자.

❹ 최고의 인생을 사는 자신을 떠올릴 때 드는 감정과 느낌은 어떤 것인가?

❺ 오늘 스스로에게 어떤 칭찬을 해주었는가?

❻ 심리적 햇살을 받은 후 자신의 감정상태는 어떠했는가?

오늘의 멘탈 컨디션

100점 만점 기준으로 좋으면 100점에 가깝게, 좋지 않으면 0점에 가깝게 기입한다.

1 자아 실현 가능성 지수	점	7 잠재의식 활동 지수	점
2 자신감 지수	점	8 동기 부여 지수	점
3 확신감 지수	점	9 대범함 지수	점
4 진취성 지수	점	10 현재의식과 잠재의식 일치 지수	점
5 감정 상태	점	합 계	점
6 수면 상태	점	평균 멘탈 지수	점

꿈을 꾸었는가? 꾸었다면 어떤 내용이었는가?

오늘 떠오르는 느낌이나 생각은 무엇인가?

3 단계 멘탈 트레이닝 [64 일]

❶ 내가 생각하는 최고의 인생이란 무엇인가?

❷ 심리적 햇살을 받기 위해 나는 어떤 생각을 해야 하는가?

❸ 원하는 목표가 이루어진 현재완료형의 문장으로 나를 표현해보자.

❹ 최고의 인생을 사는 자신을 떠올릴 때 드는 감정과 느낌은 어떤 것인가?

❺ 오늘 스스로에게 어떤 칭찬을 해주었는가?

❻ 심리적 햇살을 받은 후 자신의 감정상태는 어떠했는가?

오늘의 멘탈 컨디션

100점 만점 기준으로 좋으면 100점에 가깝게, 좋지 않으면 0점에 가깝게 기입한다.

1	자아 실현 가능성 지수	점	7 잠재의식 활동 지수	점
2	자신감 지수	점	8 동기 부여 지수	점
3	확신감 지수	점	9 대범함 지수	점
4	진취성 지수	점	10 현재의식과 잠재의식 일치 지수	점
5	감정 상태	점	합 계	점
6	수면 상태	점	평균 멘탈 지수	점

꿈을 꾸었는가? 꾸었다면 어떤 내용이었는가?

오늘 떠오르는 느낌이나 생각은 무엇인가?

3단계 멘탈 트레이닝 [65 일]

❶ 내가 생각하는 최고의 인생이란 무엇인가?

❷ 심리적 햇살을 받기 위해 나는 어떤 생각을 해야 하는가?

❸ 원하는 목표가 이루어진 현재완료형의 문장으로 나를 표현해보자.

❹ 최고의 인생을 사는 자신을 떠올릴 때 드는 감정과 느낌은 어떤 것인가?

❺ 오늘 스스로에게 어떤 칭찬을 해주었는가?

❻ 심리적 햇살을 받은 후 자신의 감정상태는 어떠했는가?

오늘의 멘탈 컨디션

100점 만점 기준으로 좋으면 100점에 가깝게, 좋지 않으면 0점에 가깝게 기입한다.

1	자아 실현 가능성 지수	점	7 잠재의식 활동 지수	점
2	자신감 지수	점	8 동기 부여 지수	점
3	확신감 지수	점	9 대범함 지수	점
4	진취성 지수	점	10 현재의식과 잠재의식 일치 지수	점
5	감정 상태	점	합 계	점
6	수면 상태	점	평균 멘탈 지수	점

꿈을 꾸었는가? 꾸었다면 어떤 내용이었는가?

오늘 떠오르는 느낌이나 생각은 무엇인가?

멘탈 트레이닝

3 단계 멘탈 트레이닝 [66 일]

❶ 내가 생각하는 최고의 인생이란 무엇인가?

❷ 심리적 햇살을 받기 위해 나는 어떤 생각을 해야 하는가?

❸ 원하는 목표가 이루어진 현재완료형의 문장으로 나를 표현해보자.

❹ 최고의 인생을 사는 자신을 떠올릴 때 드는 감정과 느낌은 어떤 것인가?

❺ 오늘 스스로에게 어떤 칭찬을 해주었는가?

❻ 심리적 햇살을 받은 후 자신의 감정상태는 어떠했는가?

오늘의 멘탈 컨디션

100점 만점 기준으로 좋으면 100점에 가깝게, 좋지 않으면 0점에 가깝게 기입한다.

1 자아 실현 가능성 지수	점	7 잠재의식 활동 지수	점
2 자신감 지수	점	8 동기 부여 지수	점
3 확신감 지수	점	9 대범함 지수	점
4 진취성 지수	점	10 현재의식과 잠재의식 일치 지수	점
5 감정 상태	점	합 계	점
6 수면 상태	점	평균 멘탈 지수	점

꿈을 꾸었는가? 꾸었다면 어떤 내용이었는가?

오늘 떠오르는 느낌이나 생각은 무엇인가?

3단계 멘탈 트레이닝 [67 일]

❶ 내가 생각하는 최고의 인생이란 무엇인가?

❷ 심리적 햇살을 받기 위해 나는 어떤 생각을 해야 하는가?

❸ 원하는 목표가 이루어진 현재완료형의 문장으로 나를 표현해보자.

❹ 최고의 인생을 사는 자신을 떠올릴 때 드는 감정과 느낌은 어떤 것인가?

❺ 오늘 스스로에게 어떤 칭찬을 해주었는가?

❻ 심리적 햇살을 받은 후 자신의 감정상태는 어떠했는가?

오늘의 멘탈 컨디션

100점 만점 기준으로 좋으면 100점에 가깝게, 좋지 않으면 0점에 가깝게 기입한다.

1 자아 실현 가능성 지수	점	7 잠재의식 활동 지수	점
2 자신감 지수	점	8 동기 부여 지수	점
3 확신감 지수	점	9 대범함 지수	점
4 진취성 지수	점	10 현재의식과 잠재의식 일치 지수	점
5 감정 상태	점	합 계	점
6 수면 상태	점	평균 멘탈 지수	점

꿈을 꾸었는가? 꾸었다면 어떤 내용이었는가?

오늘 떠오르는 느낌이나 생각은 무엇인가?

멘탈 트레이닝

3 단계 멘탈 트레이닝 [68 일]

❶ 내가 생각하는 최고의 인생이란 무엇인가?

❷ 심리적 햇살을 받기 위해 나는 어떤 생각을 해야 하는가?

❸ 원하는 목표가 이루어진 현재완료형의 문장으로 나를 표현해보자.

❹ 최고의 인생을 사는 자신을 떠올릴 때 드는 감정과 느낌은 어떤 것인가?

❺ 오늘 스스로에게 어떤 칭찬을 해주었는가?

❻ 심리적 햇살을 받은 후 자신의 감정상태는 어떠했는가?

오늘의 멘탈 컨디션

100점 만점 기준으로 좋으면 100점에 가깝게, 좋지 않으면 0점에 가깝게 기입한다.

1 자아 실현 가능성 지수 ⬛⬛⬛점	7 잠재의식 활동 지수 ⬛⬛⬛점
2 자신감 지수 ⬛⬛⬛점	8 동기 부여 지수 ⬛⬛⬛점
3 확신감 지수 ⬛⬛⬛점	9 대범함 지수 ⬛⬛⬛점
4 진취성 지수 ⬛⬛⬛점	10 현재의식과 잠재의식 일치 지수 ⬛점
5 감정 상태 ⬛⬛⬛점	합 계 ⬛⬛⬛점
6 수면 상태 ⬛⬛⬛점	평균 멘탈 지수 ⬛⬛⬛점

꿈을 꾸었는가? 꾸었다면 어떤 내용이었는가?

오늘 떠오르는 느낌이나 생각은 무엇인가?

3 단계 멘탈 트레이닝 [69 일]

❶ 내가 생각하는 최고의 인생이란 무엇인가?

❷ 심리적 햇살을 받기 위해 나는 어떤 생각을 해야 하는가?

❸ 원하는 목표가 이루어진 현재완료형의 문장으로 나를 표현해보자.

❹ 최고의 인생을 사는 자신을 떠올릴 때 드는 감정과 느낌은 어떤 것인가?

❺ 오늘 스스로에게 어떤 칭찬을 해주었는가?

❻ 심리적 햇살을 받은 후 자신의 감정상태는 어떠했는가?

오늘의 멘탈 컨디션

100점 만점 기준으로 좋으면 100점에 가깝게, 좋지 않으면 0점에 가깝게 기입한다.

1 자아 실현 가능성 지수	점	7 잠재의식 활동 지수	점
2 자신감 지수	점	8 동기 부여 지수	점
3 확신감 지수	점	9 대범함 지수	점
4 진취성 지수	점	10 현재의식과 잠재의식 일치 지수	점
5 감정 상태	점	합 계	점
6 수면 상태	점	평균 멘탈 지수	점

꿈을 꾸었는가? 꾸었다면 어떤 내용이었는가?

오늘 떠오르는 느낌이나 생각은 무엇인가?

3단계 멘탈 트레이닝 [70 일]

❶ 내가 생각하는 최고의 인생이란 무엇인가?

❷ 심리적 햇살을 받기 위해 나는 어떤 생각을 해야 하는가?

❸ 원하는 목표가 이루어진 현재완료형의 문장으로 나를 표현해보자.

❹ 최고의 인생을 사는 자신을 떠올릴 때 드는 감정과 느낌은 어떤 것인가?

❺ 오늘 스스로에게 어떤 칭찬을 해주었는가?

❻ 심리적 햇살을 받은 후 자신의 감정상태는 어떠했는가?

오늘의 멘탈 컨디션

100점 만점 기준으로 좋으면 100점에 가깝게, 좋지 않으면 0점에 가깝게 기입한다.

1 자아 실현 가능성 지수 ⬛⬛⬛ 점
2 자신감 지수 ⬛⬛⬛ 점
3 확신감 지수 ⬛⬛⬛ 점
4 진취성 지수 ⬛⬛⬛ 점
5 감정 상태 ⬛⬛⬛ 점
6 수면 상태 ⬛⬛⬛ 점

7 잠재의식 활동 지수 ⬛⬛⬛ 점
8 동기 부여 지수 ⬛⬛⬛ 점
9 대범함 지수 ⬛⬛⬛ 점
10 현재의식과 잠재의식 일치 지수 ⬛ 점
합 계 ⬛⬛⬛ 점
평균 멘탈 지수 ⬛⬛⬛ 점

꿈을 꾸었는가? 꾸었다면 어떤 내용이었는가?

오늘 떠오르는 느낌이나 생각은 무엇인가?

3 단계 멘탈 트레이닝 [71 일]

❶ 내가 생각하는 최고의 인생이란 무엇인가?

❷ 심리적 햇살을 받기 위해 나는 어떤 생각을 해야 하는가?

❸ 원하는 목표가 이루어진 현재완료형의 문장으로 나를 표현해보자.

❹ 최고의 인생을 사는 자신을 떠올릴 때 드는 감정과 느낌은 어떤 것인가?

❺ 오늘 스스로에게 어떤 칭찬을 해주었는가?

❻ 심리적 햇살을 받은 후 자신의 감정상태는 어떠했는가?

오늘의 멘탈 컨디션

100점 만점 기준으로 좋으면 100점에 가깝게, 좋지 않으면 0점에 가깝게 기입한다.

1 자아 실현 가능성 지수 ___점	7 잠재의식 활동 지수 ___점
2 자신감 지수 ___점	8 동기 부여 지수 ___점
3 확신감 지수 ___점	9 대범함 지수 ___점
4 진취성 지수 ___점	10 현재의식과 잠재의식 일치 지수 ___점
5 감정 상태 ___점	합 계 ___점
6 수면 상태 ___점	평균 멘탈 지수 ___점

꿈을 꾸었는가? 꾸었다면 어떤 내용이었는가?

오늘 떠오르는 느낌이나 생각은 무엇인가?

3단계 멘탈 트레이닝 [72 일]

❶ 내가 생각하는 최고의 인생이란 무엇인가?

❷ 심리적 햇살을 받기 위해 나는 어떤 생각을 해야 하는가?

❸ 원하는 목표가 이루어진 현재완료형의 문장으로 나를 표현해보자.

❹ 최고의 인생을 사는 자신을 떠올릴 때 드는 감정과 느낌은 어떤 것인가?

❺ 오늘 스스로에게 어떤 칭찬을 해주었는가?

❻ 심리적 햇살을 받은 후 자신의 감정상태는 어떠했는가?

오늘의 멘탈 컨디션

100점 만점 기준으로 좋으면 100점에 가깝게, 좋지 않으면 0점에 가깝게 기입한다.

1 자아 실현 가능성 지수	점	7 잠재의식 활동 지수	점
2 자신감 지수	점	8 동기 부여 지수	점
3 확신감 지수	점	9 대범함 지수	점
4 진취성 지수	점	10 현재의식과 잠재의식 일치 지수	점
5 감정 상태	점	합 계	점
6 수면 상태	점	평균 멘탈 지수	점

꿈을 꾸었는가? 꾸었다면 어떤 내용이었는가?

오늘 떠오르는 느낌이나 생각은 무엇인가?

3단계 멘탈 트레이닝 [73 일]

❶ 내가 생각하는 최고의 인생이란 무엇인가?

❷ 심리적 햇살을 받기 위해 나는 어떤 생각을 해야 하는가?

❸ 원하는 목표가 이루어진 현재완료형의 문장으로 나를 표현해보자.

❹ 최고의 인생을 사는 자신을 떠올릴 때 드는 감정과 느낌은 어떤 것인가?

❺ 오늘 스스로에게 어떤 칭찬을 해주었는가?

❻ 심리적 햇살을 받은 후 자신의 감정상태는 어떠했는가?

오늘의 멘탈 컨디션

100점 만점 기준으로 좋으면 100점에 가깝게, 좋지 않으면 0점에 가깝게 기입한다.

1 자아 실현 가능성 지수	점	7 잠재의식 활동 지수	점
2 자신감 지수	점	8 동기 부여 지수	점
3 확신감 지수	점	9 대범함 지수	점
4 진취성 지수	점	10 현재의식과 잠재의식 일치 지수	점
5 감정 상태	점	합 계	점
6 수면 상태	점	평균 멘탈 지수	점

꿈을 꾸었는가? 꾸었다면 어떤 내용이었는가?

오늘 떠오르는 느낌이나 생각은 무엇인가?

3 단계 멘탈 트레이닝 [74 일]

❶ 내가 생각하는 최고의 인생이란 무엇인가?

❷ 심리적 햇살을 받기 위해 나는 어떤 생각을 해야 하는가?

❸ 원하는 목표가 이루어진 현재완료형의 문장으로 나를 표현해보자.

❹ 최고의 인생을 사는 자신을 떠올릴 때 드는 감정과 느낌은 어떤 것인가?

❺ 오늘 스스로에게 어떤 칭찬을 해주었는가?

❻ 심리적 햇살을 받은 후 자신의 감정상태는 어떠했는가?

오늘의 멘탈 컨디션

100점 만점 기준으로 좋으면 100점에 가깝게, 좋지 않으면 0점에 가깝게 기입한다.

1	자아 실현 가능성 지수	점	7	잠재의식 활동 지수	점
2	자신감 지수	점	8	동기 부여 지수	점
3	확신감 지수	점	9	대범함 지수	점
4	진취성 지수	점	10	현재의식과 잠재의식 일치 지수	점
5	감정 상태	점	합 계	점
6	수면 상태	점	평균 멘탈 지수	점

꿈을 꾸었는가? 꾸었다면 어떤 내용이었는가?

오늘 떠오르는 느낌이나 생각은 무엇인가?

3단계 멘탈 트레이닝 [75 일]

❶ 내가 생각하는 최고의 인생이란 무엇인가?

❷ 심리적 햇살을 받기 위해 나는 어떤 생각을 해야 하는가?

❸ 원하는 목표가 이루어진 현재완료형의 문장으로 나를 표현해보자.

❹ 최고의 인생을 사는 자신을 떠올릴 때 드는 감정과 느낌은 어떤 것인가?

❺ 오늘 스스로에게 어떤 칭찬을 해주었는가?

❻ 심리적 햇살을 받은 후 자신의 감정상태는 어떠했는가?

오늘의 멘탈 컨디션

100점 만점 기준으로 좋으면 100점에 가깝게, 좋지 않으면 0점에 가깝게 기입한다.

1 자아 실현 가능성 지수 점	7 잠재의식 활동 지수 점
2 자신감 지수 점	8 동기 부여 지수 점
3 확신감 지수 점	9 대범함 지수 점
4 진취성 지수 점	10 현재의식과 잠재의식 일치 지수 점
5 감정 상태 점	합 계 점
6 수면 상태 점	평균 멘탈 지수 점

꿈을 꾸었는가? 꾸었다면 어떤 내용이었는가?

오늘 떠오르는 느낌이나 생각은 무엇인가?

4단계 76일 ～ 100일

최고의 자아가 만들어낸 미래

🏆 최고의 내가 된 미래를 선언하라

100일간 멘탈 트레이닝의 마지막 코스인 4단계에서는 현재의식과 잠재의식을 일치시키는 것을 집중적으로 훈련하는 기간이다.

3단계 트레이닝을 거치는 동안 잠재의식이란 토양에 비료를 주고 물을 주고 개간하는 일을 했다. 4단계 트레이닝에서는 개간한 땅을 비옥하게 다지는 수련을 하게 된다. 3단계의 멘탈 트레이닝을 하면서 '나 자신을 어떤 방향으로 컨트롤 하는가'에 대한 훈련을 계속해 왔다. 또 나를 컨트롤 하는 것의 핵심인 잠재의식의 변화를 꾀하며 잠재의식이 어떻게 변화해 가는지 경험해보았다.

최고의 자아 이미지를 각인하는 것은 인간의 뇌와 신경계에 새로운 데이터를 제공하는 것이다. 이 새롭게 규정된 자아 이미지의 데

이터가 새로운 자아 이미지가 잠재의식에 각인되기까지는 시간이 필요하다. 그래서 최고의 내가 된 미래를 선언하는 것도 25일 정도가 걸린다. 습관이 완전히 형성되는데도 시간이 필요하다. 이 새로운 자아 이미지가 잠재의식에 각인되면 의식적으로 노력하지 않아도 최고의 자아 이미지대로 행동하게 된다. 습관으로 굳어진 행동처럼 자연스럽게 말이다.

4단계 멘탈 트레이닝 코스에서는 나 자신을 완벽하게 컨트롤 할 수 있다는 것을 깨닫게 하는 것이 목적이다. 자신을 컨트를 한다는 것은 나의 생각, 사고방식, 행동, 미래까지 원하는 대로 이루는 것이 가능하다는 의미다. 미래는 정해지지 않았다. 또한 운명 같은 것은 없다. 미래도, 운명도 현재의 내가 만들어간다. 그래서 미래는 항상 변한다. 운명도 마찬가지다. 4단계 트레이닝을 마치면 자신의 미래와 운명이 바로 자신의 잠재의식에서 비롯되었고, 자신의 생각대로 미래를 만들 수 있고, 그 생각대로 미래를 건설하는 능력이 바로 내면의 힘에서 비롯되었다는 것을 알게 될 것이다.

멘탈 트레이닝을 3단계까지 성실하게 수행했다면 자아의 정체성, 추구하고 싶은 가치, 나아가야 할 방향과 목표, 자신이 살 수 있는 최고의 삶에 대해서 충분히 생각해 볼 기회가 있었을 것이다. 4단계 트레이닝에서는 75일 동안 탐험한 자아와 그것을 토대로 자신의 자원과 재능을 세상에 펼치는 최고의 자아 이미지를 확정짓는 트레이닝을 집중적으로 수련한다.

특히 4단계 25일 동안의 잠자기 전 15분 동안 집중해야 할 것은 '확신'과 '충만함'이다. 이는 불신과 결핍을 잠재의식으로 넘어오지 못하게 하는 심리적인 방어벽이다. 이 방어벽을 얼마만큼 단단하게 세웠느냐가 강한 멘탈의 바로미터가 된다. 불신은 자아를 위축하게 하고 불안한 감정 상태를 유발하며, 결핍은 자존감 결여의 원인이 된다. 그래서 확신과 충만함에 포커스를 맞추고 이 메시지를 잠재의식에 보내야 한다. 이는 자신이 원하는 삶에 대한 통제력을 키워주고 이를 유지시킨다.

3단계 멘탈 트레이닝에서 심리적 햇살을 받은 그 감정과 느낌을 확신하고 그 감정과 느낌을 충만하게 여겨라. 3단계 트레이닝을 성실하게 수행했다면, 햇살을 받은 모든 것이 빛이 나듯이 심리적인 햇살을 받은 멘탈은 눈이 부시게 빛나게 마련이다. 현실을 부정적이고 암울한 것으로 인식하는 것은 모두 인간의 내면에 자리잡고 있는 멘탈이 원인이다. 멘탈 트레이닝의 4단계 과정을 착실히 수행하여 자신이 원하는 현재와 미래를 만들어가는 멘탈의 강자로 거듭난다는 확신과 믿음을 가지고 멘탈 트레이닝의 전 과정을 편안한 마음으로 즐겨라. 최고의 자아를 확신하는 것은 진정한 자신의 모습을 발견하는 것이다.

인간은 자신이 믿는 대로 한계를 정한다.

− 김시현 −

★ 단계별 멘탈 트레이닝 기록 작성 예시 (독자들의 실제 작성 내용을 옮김)

4단계 멘탈 트레이닝 [00 일]

❶ 나의 미래는 어떻게 펼쳐질 것인가?

[단기적] 1위 교과서를 만든다. 천 권 독서를 완료한다. / [중장기적] 나만의 콘텐츠를 창조해 TED speaker가 된다. / [장기적] 세상을 더 살기 좋은 곳으로 만들기 위해 노력한다.

❷ 내가 컨트롤 할 수 있는 일들에는 어떤 것이 있는가?

my feeling, thoughts of me, input(thoughts, what I eat). / what I focus on. 내집중!! / how I use my time.

❸ 나는 현재 어떤 미래를 만들어가고 있는가?

내 비전과 상상 beyond! 내가 상상하는 것보다 더 adventurous하고 행복하고 감사한 미래. 사람들이 기본권을 누리고 살 수 있도록 조금이라도 내 힘을 보태는 미래.

❹ 원하는 미래를 만들기 위해 어떤 메시지를 잠재의식에 보내고 있는가?

"Yes, I can!" I'm still young and alive. I'M ALIVE!!!
내가 상상하는 것이 현실이 된다. 나는 내가 생각하는 것보다 능력있다. 나는 내게 주어진 모든 것을 해낼 수 있다.

❺ 심리적 햇살을 받은 후 내면이 어떻게 달라졌는가?

마음이 좀 더 따뜻한 느낌이다. 어떤 상황에도 의연해지자고 다짐한다.
마음에 난 여유를 주입하고 있다. 괜찮다. 난 잘하고 있다.

❻ 내가 생각하는 확신과 충만함이란 무엇인가?

[확신] 내 자신에 대한 믿음. / [충만함] 확신을 흔들림없이 지킬 수 있는 넘치는 에너지와 사랑. 넘쳐서 타인에게도 전달 가능한 것.

❼ 멘탈 트레이닝 수행 후에 어떠한 멘탈의 변화가 생겼는가?

탓하지 않는다. 과거의 잘못을, 실수를 핑계 삼지 않는다. 트라우마에서 벗어나 (스스로의 사고와 마음을 관찰한다.)(and! 입에 '멘탈' 단어가 붙었다.)

❽ 자아를 규정한 대로 목표와 행동을 일치시키기 위해서 무엇을 하고 있는가?

전문가로서 일한다고 생각하고 꼼꼼하려고 노력한다. 타인에게 긍정의 기운을 전달하려고 한다. and … Smile! ^-^

4단계 멘탈 트레이닝 [76 일]

❶ 나의 미래는 어떻게 펼쳐질 것인가?

❷ 내가 컨트롤 할 수 있는 일들에는 어떤 것이 있는가?

❸ 나는 현재 어떤 미래를 만들어가고 있는가?

❹ 원하는 미래를 만들기 위해 어떤 메시지를 잠재의식에 보내고 있는가?

❺ 심리적 햇살을 받은 후 내면이 어떻게 달라졌는가?

❻ 내가 생각하는 확신과 충만함이란 무엇인가?

❼ 멘탈 트레이닝 수행 후에 어떠한 멘탈의 변화가 생겼는가?

❽ 자아를 규정한 대로 목표와 행동을 일치시키기 위해서 무엇을 하고 있는가?

오늘의 멘탈 컨디션

100점 만점 기준으로 좋으면 100점에 가깝게, 좋지 않으면 0점에 가깝게 기입한다.

1 자동 목적 달성 장치 활용 지수
점

2 삶의 목표에 대한 집중 지수
점

3 목표와 행동의 일치 지수　　　점

4 자아 컨트롤 지수　　　점

5 미래 확신 지수　　　점

6 감정 상태　　　점

7 수면 상태　　　점

8 내면의 아우라 지수　　　점

9 자아 신뢰 지수　　　점

10 심리적 햇살의 강도 밝기　　　점

합 계　　　점

평균 멘탈 지수　　　점

꿈을 꾸었는가? 꾸었다면 어떤 내용이었는가?

오늘 떠오르는 느낌이나 생각은 무엇인가?

4단계 멘탈 트레이닝 [77일]

❶ 나의 미래는 어떻게 펼쳐질 것인가?

❷ 내가 컨트롤 할 수 있는 일들에는 어떤 것이 있는가?

❸ 나는 현재 어떤 미래를 만들어가고 있는가?

❹ 원하는 미래를 만들기 위해 어떤 메시지를 잠재의식에 보내고 있는가?

❺ 심리적 햇살을 받은 후 내면이 어떻게 달라졌는가?

❻ 내가 생각하는 확신과 충만함이란 무엇인가?

❼ 멘탈 트레이닝 수행 후에 어떠한 멘탈의 변화가 생겼는가?

❽ 자아를 규정한 대로 목표와 행동을 일치시키기 위해서 무엇을 하고 있는가?

오늘의 멘탈 컨디션

100점 만점 기준으로 좋으면 100점에 가깝게, 좋지 않으면 0점에 가깝게 기입한다.

1 자동 목적 달성 장치 활용 지수

⬜⬜⬜점

2 삶의 목표에 대한 집중 지수

⬜⬜⬜점

3 목표와 행동의 일치 지수 ⬜⬜점

4 자아 컨트롤 지수 ⬜⬜점

5 미래 확신 지수 ⬜⬜점

6 감정 상태 ⬜⬜점

7 수면 상태 ⬜⬜점

8 내면의 아우라 지수 ⬜⬜점

9 자아 신뢰 지수 ⬜⬜점

10 심리적 햇살의 강도 밝기 ⬜⬜점

합 계 ⬜⬜점

평균 멘탈 지수 ⬜⬜점

꿈을 꾸었는가? 꾸었다면 어떤 내용이었는가?

오늘 떠오르는 느낌이나 생각은 무엇인가?

4단계 멘탈 트레이닝 [78 일]

❶ 나의 미래는 어떻게 펼쳐질 것인가?

❷ 내가 컨트롤 할 수 있는 일들에는 어떤 것이 있는가?

❸ 나는 현재 어떤 미래를 만들어가고 있는가?

❹ 원하는 미래를 만들기 위해 어떤 메시지를 잠재의식에 보내고 있는가?

❺ 심리적 햇살을 받은 후 내면이 어떻게 달라졌는가?

❻ 내가 생각하는 확신과 충만함이란 무엇인가?

❼ 멘탈 트레이닝 수행 후에 어떠한 멘탈의 변화가 생겼는가?

❽ 자아를 규정한 대로 목표와 행동을 일치시키기 위해서 무엇을 하고 있는가?

오늘의 멘탈 컨디션

100점 만점 기준으로 좋으면 100점에 가깝게, 좋지 않으면 0점에 가깝게 기입한다.

1 자동 목적 달성 장치 활용 지수

　점

2 삶의 목표에 대한 집중 지수

　점

3 목표와 행동의 일치 지수　점

4 자아 컨트롤 지수　점

5 미래 확신 지수　점

6 감정 상태　점

7 수면 상태　점

8 내면의 아우라 지수　점

9 자아 신뢰 지수　점

10 심리적 햇살의 강도 밝기　점

합 계　점

평균 멘탈 지수　점

꿈을 꾸었는가? 꾸었다면 어떤 내용이었는가?

오늘 떠오르는 느낌이나 생각은 무엇인가?

4 단계 멘탈 트레이닝 [79 일]

❶ 나의 미래는 어떻게 펼쳐질 것인가?

❷ 내가 컨트롤 할 수 있는 일들에는 어떤 것이 있는가?

❸ 나는 현재 어떤 미래를 만들어가고 있는가?

❹ 원하는 미래를 만들기 위해 어떤 메시지를 잠재의식에 보내고 있는가?

❺ 심리적 햇살을 받은 후 내면이 어떻게 달라졌는가?

❻ 내가 생각하는 확신과 충만함이란 무엇인가?

❼ 멘탈 트레이닝 수행 후에 어떠한 멘탈의 변화가 생겼는가?

❽ 자아를 규정한 대로 목표와 행동을 일치시키기 위해서 무엇을 하고 있는가?

오늘의 멘탈 컨디션

100점 만점 기준으로 좋으면 100점에 가깝게, 좋지 않으면 0점에 가깝게 기입한다.

1 자동 목적 달성 장치 활용 지수

점

2 삶의 목표에 대한 집중 지수

점

3 목표와 행동의 일치 지수 　점

4 자아 컨트롤 지수 　점

5 미래 확신 지수 　점

6 감정 상태 　점

7 수면 상태 　점

8 내면의 아우라 지수 　점

9 자아 신뢰 지수 　점

10 심리적 햇살의 강도 밝기 　점

합 계 　점

평균 멘탈 지수 　점

꿈을 꾸었는가? 꾸었다면 어떤 내용이었는가?

오늘 떠오르는 느낌이나 생각은 무엇인가?

4단계 멘탈 트레이닝 [80 일]

❶ 나의 미래는 어떻게 펼쳐질 것인가?

❷ 내가 컨트롤 할 수 있는 일들에는 어떤 것이 있는가?

❸ 나는 현재 어떤 미래를 만들어가고 있는가?

❹ 원하는 미래를 만들기 위해 어떤 메시지를 잠재의식에 보내고 있는가?

❺ 심리적 햇살을 받은 후 내면이 어떻게 달라졌는가?

❻ 내가 생각하는 확신과 충만함이란 무엇인가?

❼ 멘탈 트레이닝 수행 후에 어떠한 멘탈의 변화가 생겼는가?

❽ 자아를 규정한 대로 목표와 행동을 일치시키기 위해서 무엇을 하고 있는가?

오늘의 멘탈 컨디션

100점 만점 기준으로 좋으면 100점에 가깝게, 좋지 않으면 0점에 가깝게 기입한다.

1 자동 목적 달성 장치 활용 지수

점

2 삶의 목표에 대한 집중 지수

점

3 목표와 행동의 일치 지수   점

4 자아 컨트롤 지수   점

5 미래 확신 지수   점

6 감정 상태   점

7 수면 상태   점

8 내면의 아우라 지수   점

9 자아 신뢰 지수   점

10 심리적 햇살의 강도 밝기   점

합 계   점

평균 멘탈 지수   점

꿈을 꾸었는가? 꾸었다면 어떤 내용이었는가?

오늘 떠오르는 느낌이나 생각은 무엇인가?

4단계 멘탈 트레이닝 [81 일]

❶ 나의 미래는 어떻게 펼쳐질 것인가?

❷ 내가 컨트롤 할 수 있는 일들에는 어떤 것이 있는가?

❸ 나는 현재 어떤 미래를 만들어가고 있는가?

❹ 원하는 미래를 만들기 위해 어떤 메시지를 잠재의식에 보내고 있는가?

❺ 심리적 햇살을 받은 후 내면이 어떻게 달라졌는가?

❻ 내가 생각하는 확신과 충만함이란 무엇인가?

❼ 멘탈 트레이닝 수행 후에 어떠한 멘탈의 변화가 생겼는가?

❽ 자아를 규정한 대로 목표와 행동을 일치시키기 위해서 무엇을 하고 있는가?

오늘의 멘탈 컨디션

100점 만점 기준으로 좋으면 100점에 가깝게, 좋지 않으면 0점에 가깝게 기입한다.

1 자동 목적 달성 장치 활용 지수

점

2 삶의 목표에 대한 집중 지수

점

3 목표와 행동의 일치 지수　점

4 자아 컨트롤 지수　점

5 미래 확신 지수　점

6 감정 상태　점

7 수면 상태　점

8 내면의 아우라 지수　점

9 자아 신뢰 지수　점

10 심리적 햇살의 강도 밝기　점

합 계　점

평균 멘탈 지수　점

꿈을 꾸었는가? 꾸었다면 어떤 내용이었는가?

오늘 떠오르는 느낌이나 생각은 무엇인가?

4단계 멘탈 트레이닝 [82 일]

❶ 나의 미래는 어떻게 펼쳐질 것인가?

❷ 내가 컨트롤 할 수 있는 일들에는 어떤 것이 있는가?

❸ 나는 현재 어떤 미래를 만들어가고 있는가?

❹ 원하는 미래를 만들기 위해 어떤 메시지를 잠재의식에 보내고 있는가?

❺ 심리적 햇살을 받은 후 내면이 어떻게 달라졌는가?

❻ 내가 생각하는 확신과 충만함이란 무엇인가?

❼ 멘탈 트레이닝 수행 후에 어떠한 멘탈의 변화가 생겼는가?

❽ 자아를 규정한 대로 목표와 행동을 일치시키기 위해서 무엇을 하고 있는가?

오늘의 멘탈 컨디션

100점 만점 기준으로 좋으면 100점에 가깝게, 좋지 않으면 0점에 가깝게 기입한다.

1 자동 목적 달성 장치 활용 지수	6 감정 상태 ⬛점
⬛점	7 수면 상태 ⬛점
2 삶의 목표에 대한 집중 지수	8 내면의 아우라 지수 ⬛점
⬛점	9 자아 신뢰 지수 ⬛점
3 목표와 행동의 일치 지수 ⬛점	10 심리적 햇살의 강도 밝기 ⬛점
4 자아 컨트롤 지수 ⬛점	합 계 ⬛점
5 미래 확신 지수 ⬛점	평균 멘탈 지수 ⬛점

꿈을 꾸었는가? 꾸었다면 어떤 내용이었는가?

오늘 떠오르는 느낌이나 생각은 무엇인가?

4단계 멘탈 트레이닝 [83 일]

❶ 나의 미래는 어떻게 펼쳐질 것인가?

❷ 내가 컨트롤 할 수 있는 일들에는 어떤 것이 있는가?

❸ 나는 현재 어떤 미래를 만들어가고 있는가?

❹ 원하는 미래를 만들기 위해 어떤 메시지를 잠재의식에 보내고 있는가?

❺ 심리적 햇살을 받은 후 내면이 어떻게 달라졌는가?

❻ 내가 생각하는 확신과 충만함이란 무엇인가?

❼ 멘탈 트레이닝 수행 후에 어떠한 멘탈의 변화가 생겼는가?

❽ 자아를 규정한 대로 목표와 행동을 일치시키기 위해서 무엇을 하고 있는가?

오늘의 멘탈 컨디션

100점 만점 기준으로 좋으면 100점에 가깝게, 좋지 않으면 0점에 가깝게 기입한다.

1 자동 목적 달성 장치 활용 지수		6 감정 상태	점
	점	7 수면 상태	점
2 삶의 목표에 대한 집중 지수		8 내면의 아우라 지수	점
	점	9 자아 신뢰 지수	점
3 목표와 행동의 일치 지수	점	10 심리적 햇살의 강도 밝기	점
4 자아 컨트롤 지수	점	합 계	점
5 미래 확신 지수	점	평균 멘탈 지수	점

꿈을 꾸었는가? 꾸었다면 어떤 내용이었는가?

오늘 떠오르는 느낌이나 생각은 무엇인가?

4단계 멘탈 트레이닝 [84 일]

❶ 나의 미래는 어떻게 펼쳐질 것인가?

❷ 내가 컨트롤 할 수 있는 일들에는 어떤 것이 있는가?

❸ 나는 현재 어떤 미래를 만들어가고 있는가?

❹ 원하는 미래를 만들기 위해 어떤 메시지를 잠재의식에 보내고 있는가?

❺ 심리적 햇살을 받은 후 내면이 어떻게 달라졌는가?

❻ 내가 생각하는 확신과 충만함이란 무엇인가?

❼ 멘탈 트레이닝 수행 후에 어떠한 멘탈의 변화가 생겼는가?

❽ 자아를 규정한 대로 목표와 행동을 일치시키기 위해서 무엇을 하고 있는가?

오늘의 멘탈 컨디션

100점 만점 기준으로 좋으면 100점에 가깝게, 좋지 않으면 0점에 가깝게 기입한다.

1 자동 목적 달성 장치 활용 지수
　　　　　　　　　　　　　　　점

2 삶의 목표에 대한 집중 지수
　　　　　　　　　　　　　　　점

3 목표와 행동의 일치 지수 　　　점

4 자아 컨트롤 지수 　　　　　　점

5 미래 확신 지수 　　　　　　　점

6 감정 상태 　　　　　　　　　점

7 수면 상태 　　　　　　　　　점

8 내면의 아우라 지수 　　　　　점

9 자아 신뢰 지수 　　　　　　　점

10 심리적 햇살의 강도 밝기 　　점

합 계 　　　　　　　　　　　　점

평균 멘탈 지수 　　　　　　　　점

꿈을 꾸었는가? 꾸었다면 어떤 내용이었는가?

오늘 떠오르는 느낌이나 생각은 무엇인가?

4단계 멘탈 트레이닝 [85 일]

❶ 나의 미래는 어떻게 펼쳐질 것인가?

❷ 내가 컨트롤 할 수 있는 일들에는 어떤 것이 있는가?

❸ 나는 현재 어떤 미래를 만들어가고 있는가?

❹ 원하는 미래를 만들기 위해 어떤 메시지를 잠재의식에 보내고 있는가?

❺ 심리적 햇살을 받은 후 내면이 어떻게 달라졌는가?

❻ 내가 생각하는 확신과 충만함이란 무엇인가?

❼ 멘탈 트레이닝 수행 후에 어떠한 멘탈의 변화가 생겼는가?

❽ 자아를 규정한 대로 목표와 행동을 일치시키기 위해서 무엇을 하고 있는가?

오늘의 멘탈 컨디션

100점 만점 기준으로 좋으면 100점에 가깝게, 좋지 않으면 0점에 가깝게 기입한다.

1 자동 목적 달성 장치 활용 지수

　점

2 삶의 목표에 대한 집중 지수

　점

3 목표와 행동의 일치 지수 　점

4 자아 컨트롤 지수 　점

5 미래 확신 지수 　점

6 감정 상태 　점

7 수면 상태 　점

8 내면의 아우라 지수 　점

9 자아 신뢰 지수 　점

10 심리적 햇살의 강도 밝기 　점

합 계 　점

평균 멘탈 지수 　점

꿈을 꾸었는가? 꾸었다면 어떤 내용이었는가?

오늘 떠오르는 느낌이나 생각은 무엇인가?

4 단계 멘탈 트레이닝 [86 일]

❶ 나의 미래는 어떻게 펼쳐질 것인가?

❷ 내가 컨트롤 할 수 있는 일들에는 어떤 것이 있는가?

❸ 나는 현재 어떤 미래를 만들어가고 있는가?

❹ 원하는 미래를 만들기 위해 어떤 메시지를 잠재의식에 보내고 있는가?

❺ 심리적 햇살을 받은 후 내면이 어떻게 달라졌는가?

❻ 내가 생각하는 확신과 충만함이란 무엇인가?

❼ 멘탈 트레이닝 수행 후에 어떠한 멘탈의 변화가 생겼는가?

❽ 자아를 규정한 대로 목표와 행동을 일치시키기 위해서 무엇을 하고 있는가?

오늘의 멘탈 컨디션

100점 만점 기준으로 좋으면 100점에 가깝게, 좋지 않으면 0점에 가깝게 기입한다.

1 자동 목적 달성 장치 활용 지수
   점

2 삶의 목표에 대한 집중 지수
   점

3 목표와 행동의 일치 지수   점

4 자아 컨트롤 지수   점

5 미래 확신 지수   점

6 감정 상태   점

7 수면 상태   점

8 내면의 아우라 지수   점

9 자아 신뢰 지수   점

10 심리적 햇살의 강도 밝기   점

합 계   점

평균 멘탈 지수   점

꿈을 꾸었는가? 꾸었다면 어떤 내용이었는가?

오늘 떠오르는 느낌이나 생각은 무엇인가?

4단계 멘탈 트레이닝 [87 일]

❶ 나의 미래는 어떻게 펼쳐질 것인가?

❷ 내가 컨트롤 할 수 있는 일들에는 어떤 것이 있는가?

❸ 나는 현재 어떤 미래를 만들어가고 있는가?

❹ 원하는 미래를 만들기 위해 어떤 메시지를 잠재의식에 보내고 있는가?

❺ 심리적 햇살을 받은 후 내면이 어떻게 달라졌는가?

❻ 내가 생각하는 확신과 충만함이란 무엇인가?

❼ 멘탈 트레이닝 수행 후에 어떠한 멘탈의 변화가 생겼는가?

❽ 자아를 규정한 대로 목표와 행동을 일치시키기 위해서 무엇을 하고 있는가?

오늘의 멘탈 컨디션

100점 만점 기준으로 좋으면 100점에 가깝게, 좋지 않으면 0점에 가깝게 기입한다.

1 자동 목적 달성 장치 활용 지수

점

2 삶의 목표에 대한 집중 지수

점

3 목표와 행동의 일치 지수　점

4 자아 컨트롤 지수　점

5 미래 확신 지수　점

6 감정 상태　점

7 수면 상태　점

8 내면의 아우라 지수　점

9 자아 신뢰 지수　점

10 심리적 햇살의 강도 밝기　점

합 계　점

평균 멘탈 지수　점

꿈을 꾸었는가? 꾸었다면 어떤 내용이었는가?

오늘 떠오르는 느낌이나 생각은 무엇인가?

4단계 멘탈 트레이닝 [88 일]

❶ 나의 미래는 어떻게 펼쳐질 것인가? ～～～～～～

❷ 내가 컨트롤 할 수 있는 일들에는 어떤 것이 있는가? ～～～

❸ 나는 현재 어떤 미래를 만들어가고 있는가? ～～～～～

❹ 원하는 미래를 만들기 위해 어떤 메시지를 잠재의식에 보내고 있는가?

～～～～～～～～～～～～～～～～～～～～～～～～～～～

❺ 심리적 햇살을 받은 후 내면이 어떻게 달라졌는가? ～～～

❻ 내가 생각하는 확신과 충만함이란 무엇인가? ～～～～～

❼ 멘탈 트레이닝 수행 후에 어떠한 멘탈의 변화가 생겼는가? ～

❽ 자아를 규정한 대로 목표와 행동을 일치시키기 위해서 무엇을 하고 있는가?

～～～～～～～～～～～～～～～～～～～～～～～～～～～

오늘의 멘탈 컨디션

100점 만점 기준으로 좋으면 100점에 가깝게, 좋지 않으면 0점에 가깝게 기입한다.

1 자동 목적 달성 장치 활용 지수

점

2 삶의 목표에 대한 집중 지수

점

3 목표와 행동의 일치 지수 　　　점

4 자아 컨트롤 지수 　　　점

5 미래 확신 지수 　　　점

6 감정 상태 　　　점

7 수면 상태 　　　점

8 내면의 아우라 지수 　　　점

9 자아 신뢰 지수 　　　점

10 심리적 햇살의 강도 밝기 　　　점

합 계 　　　점

평균 멘탈 지수 　　　점

꿈을 꾸었는가? 꾸었다면 어떤 내용이었는가? ～～～～～

오늘 떠오르는 느낌이나 생각은 무엇인가? ～～～～～～

4단계 멘탈 트레이닝 [89 일]

❶ 나의 미래는 어떻게 펼쳐질 것인가?

❷ 내가 컨트롤 할 수 있는 일들에는 어떤 것이 있는가?

❸ 나는 현재 어떤 미래를 만들어가고 있는가?

❹ 원하는 미래를 만들기 위해 어떤 메시지를 잠재의식에 보내고 있는가?

❺ 심리적 햇살을 받은 후 내면이 어떻게 달라졌는가?

❻ 내가 생각하는 확신과 충만함이란 무엇인가?

❼ 멘탈 트레이닝 수행 후에 어떠한 멘탈의 변화가 생겼는가?

❽ 자아를 규정한 대로 목표와 행동을 일치시키기 위해서 무엇을 하고 있는가?

오늘의 멘탈 컨디션

100점 만점 기준으로 좋으면 100점에 가깝게, 좋지 않으면 0점에 가깝게 기입한다.

1 자동 목적 달성 장치 활용 지수

점

2 삶의 목표에 대한 집중 지수

점

3 목표와 행동의 일치 지수 　　　점

4 자아 컨트롤 지수 　　　점

5 미래 확신 지수 　　　점

6 감정 상태 　　　점

7 수면 상태 　　　점

8 내면의 아우라 지수 　　　점

9 자아 신뢰 지수 　　　점

10 심리적 햇살의 강도 밝기 　　　점

합 계 　　　점

평균 멘탈 지수 　　　점

꿈을 꾸었는가? 꾸었다면 어떤 내용이었는가?

오늘 떠오르는 느낌이나 생각은 무엇인가?

4 단계 멘탈 트레이닝 [**90 일**]

❶ 나의 미래는 어떻게 펼쳐질 것인가?

❷ 내가 컨트롤 할 수 있는 일들에는 어떤 것이 있는가?

❸ 나는 현재 어떤 미래를 만들어가고 있는가?

❹ 원하는 미래를 만들기 위해 어떤 메시지를 잠재의식에 보내고 있는가?

❺ 심리적 햇살을 받은 후 내면이 어떻게 달라졌는가?

❻ 내가 생각하는 확신과 충만함이란 무엇인가?

❼ 멘탈 트레이닝 수행 후에 어떠한 멘탈의 변화가 생겼는가?

❽ 자아를 규정한 대로 목표와 행동을 일치시키기 위해서 무엇을 하고 있는가?

오늘의 멘탈 컨디션

100점 만점 기준으로 좋으면 100점에 가깝게, 좋지 않으면 0점에 가깝게 기입한다.

1 자동 목적 달성 장치 활용 지수

　　　　　　　　　　　　　　　점

2 삶의 목표에 대한 집중 지수

　　　　　　　　　　　　　　　점

3 목표와 행동의 일치 지수　　　점

4 자아 컨트롤 지수　　　　　　점

5 미래 확신 지수　　　　　　　점

6 감정 상태　　　　　　　　　점

7 수면 상태　　　　　　　　　점

8 내면의 아우라 지수　　　　　점

9 자아 신뢰 지수　　　　　　　점

10 심리적 햇살의 강도 밝기　　　점

합 계　　　　　　　　　　　　점

평균 멘탈 지수　　　　　　　　점

꿈을 꾸었는가? 꾸었다면 어떤 내용이었는가?

오늘 떠오르는 느낌이나 생각은 무엇인가?

4단계 멘탈 트레이닝 [91 일]

❶ 나의 미래는 어떻게 펼쳐질 것인가? ~~~~~~~~~~~~~~~

❷ 내가 컨트롤 할 수 있는 일들에는 어떤 것이 있는가? ~~~~~~~

❸ 나는 현재 어떤 미래를 만들어가고 있는가? ~~~~~~~~~~~

❹ 원하는 미래를 만들기 위해 어떤 메시지를 잠재의식에 보내고 있는가?

~~~~~~~~~~~~~~~~~~~~~~~~~~~~~~~

❺ 심리적 햇살을 받은 후 내면이 어떻게 달라졌는가? ~~~~~~~

❻ 내가 생각하는 확신과 충만함이란 무엇인가? ~~~~~~~~~

❼ 멘탈 트레이닝 수행 후에 어떠한 멘탈의 변화가 생겼는가? ~~~~

❽ 자아를 규정한 대로 목표와 행동을 일치시키기 위해서 무엇을 하고 있는가?

~~~~~~~~~~~~~~~~~~~~~~~~~~~~~~~

오늘의 멘탈 컨디션

100점 만점 기준으로 좋으면 100점에 가깝게, 좋지 않으면 0점에 가깝게 기입한다.

1 자동 목적 달성 장치 활용 지수

　　　　　　　　　　　　　　점

2 삶의 목표에 대한 집중 지수

　　　　　　　　　　　　　　점

3 목표와 행동의 일치 지수 　　　점

4 자아 컨트롤 지수 　　　점

5 미래 확신 지수 　　　점

6 감정 상태 　　　점

7 수면 상태 　　　점

8 내면의 아우라 지수 　　　점

9 자아 신뢰 지수 　　　점

10 심리적 햇살의 강도 밝기 　　　점

합 계 　　　점

평균 멘탈 지수 　　　점

꿈을 꾸었는가? 꾸었다면 어떤 내용이었는가? ~~~~~~~~~

오늘 떠오르는 느낌이나 생각은 무엇인가? ~~~~~~~~~~~

4단계 멘탈 트레이닝 [92 일]

❶ 나의 미래는 어떻게 펼쳐질 것인가?

❷ 내가 컨트롤 할 수 있는 일들에는 어떤 것이 있는가?

❸ 나는 현재 어떤 미래를 만들어가고 있는가?

❹ 원하는 미래를 만들기 위해 어떤 메시지를 잠재의식에 보내고 있는가?

❺ 심리적 햇살을 받은 후 내면이 어떻게 달라졌는가?

❻ 내가 생각하는 확신과 충만함이란 무엇인가?

❼ 멘탈 트레이닝 수행 후에 어떠한 멘탈의 변화가 생겼는가?

❽ 자아를 규정한 대로 목표와 행동을 일치시키기 위해서 무엇을 하고 있는가?

오늘의 멘탈 컨디션

100점 만점 기준으로 좋으면 100점에 가깝게, 좋지 않으면 0점에 가깝게 기입한다.

1 자동 목적 달성 장치 활용 지수

점

2 삶의 목표에 대한 집중 지수

점

3 목표와 행동의 일치 지수　점

4 자아 컨트롤 지수　점

5 미래 확신 지수　점

6 감정 상태　점

7 수면 상태　점

8 내면의 아우라 지수　점

9 자아 신뢰 지수　점

10 심리적 햇살의 강도 밝기　점

합 계　점

평균 멘탈 지수　점

꿈을 꾸었는가? 꾸었다면 어떤 내용이었는가?

오늘 떠오르는 느낌이나 생각은 무엇인가?

4단계 멘탈 트레이닝 [93 일]

❶ 나의 미래는 어떻게 펼쳐질 것인가?

❷ 내가 컨트롤 할 수 있는 일들에는 어떤 것이 있는가?

❸ 나는 현재 어떤 미래를 만들어가고 있는가?

❹ 원하는 미래를 만들기 위해 어떤 메시지를 잠재의식에 보내고 있는가?

❺ 심리적 햇살을 받은 후 내면이 어떻게 달라졌는가?

❻ 내가 생각하는 확신과 충만함이란 무엇인가?

❼ 멘탈 트레이닝 수행 후에 어떠한 멘탈의 변화가 생겼는가?

❽ 자아를 규정한 대로 목표와 행동을 일치시키기 위해서 무엇을 하고 있는가?

오늘의 멘탈 컨디션

100점 만점 기준으로 좋으면 100점에 가깝게, 좋지 않으면 0점에 가깝게 기입한다.

1 자동 목적 달성 장치 활용 지수

　　　　　　　　　　　　　점

2 삶의 목표에 대한 집중 지수

　　　　　　　　　　　　　점

3 목표와 행동의 일치 지수　　　점

4 자아 컨트롤 지수　　　　　　점

5 미래 확신 지수　　　　　　　점

6 감정 상태　　　　　　　　　점

7 수면 상태　　　　　　　　　점

8 내면의 아우라 지수　　　　　점

9 자아 신뢰 지수　　　　　　　점

10 심리적 햇살의 강도 밝기　　점

합 계　　　　　　　　　　　점

평균 멘탈 지수　　　　　　　점

꿈을 꾸었는가? 꾸었다면 어떤 내용이었는가?

오늘 떠오르는 느낌이나 생각은 무엇인가?

4 단계 멘탈 트레이닝 [94 일]

❶ 나의 미래는 어떻게 펼쳐질 것인가?

❷ 내가 컨트롤 할 수 있는 일들에는 어떤 것이 있는가?

❸ 나는 현재 어떤 미래를 만들어가고 있는가?

❹ 원하는 미래를 만들기 위해 어떤 메시지를 잠재의식에 보내고 있는가?

❺ 심리적 햇살을 받은 후 내면이 어떻게 달라졌는가?

❻ 내가 생각하는 확신과 충만함이란 무엇인가?

❼ 멘탈 트레이닝 수행 후에 어떠한 멘탈의 변화가 생겼는가?

❽ 자아를 규정한 대로 목표와 행동을 일치시키기 위해서 무엇을 하고 있는가?

오늘의 멘탈 컨디션

100점 만점 기준으로 좋으면 100점에 가깝게, 좋지 않으면 0점에 가깝게 기입한다.

1 자동 목적 달성 장치 활용 지수
   점

2 삶의 목표에 대한 집중 지수
   점

3 목표와 행동의 일치 지수 점

4 자아 컨트롤 지수 점

5 미래 확신 지수 점

6 감정 상태 점

7 수면 상태 점

8 내면의 아우라 지수 점

9 자아 신뢰 지수 점

10 심리적 햇살의 강도 밝기 점

합 계 점

평균 멘탈 지수 점

꿈을 꾸었는가? 꾸었다면 어떤 내용이었는가?

오늘 떠오르는 느낌이나 생각은 무엇인가?

❶ 나의 미래는 어떻게 펼쳐질 것인가?

❷ 내가 컨트롤 할 수 있는 일들에는 어떤 것이 있는가?

❸ 나는 현재 어떤 미래를 만들어가고 있는가?

❹ 원하는 미래를 만들기 위해 어떤 메시지를 잠재의식에 보내고 있는가?

❺ 심리적 햇살을 받은 후 내면이 어떻게 달라졌는가?

❻ 내가 생각하는 확신과 충만함이란 무엇인가?

❼ 멘탈 트레이닝 수행 후에 어떠한 멘탈의 변화가 생겼는가?

❽ 자아를 규정한 대로 목표와 행동을 일치시키기 위해서 무엇을 하고 있는가?

오늘의 멘탈 컨디션

100점 만점 기준으로 좋으면 100점에 가깝게, 좋지 않으면 0점에 가깝게 기입한다.

1 자동 목적 달성 장치 활용 지수

점

2 삶의 목표에 대한 집중 지수

점

3 목표와 행동의 일치 지수 　점

4 자아 컨트롤 지수 　점

5 미래 확신 지수 　점

6 감정 상태 　점

7 수면 상태 　점

8 내면의 아우라 지수 　점

9 자아 신뢰 지수 　점

10 심리적 햇살의 강도 밝기 　점

합 계 　점

평균 멘탈 지수 　점

꿈을 꾸었는가? 꾸었다면 어떤 내용이었는가?

오늘 떠오르는 느낌이나 생각은 무엇인가?

4단계 멘탈 트레이닝 [96 일]

❶ 나의 미래는 어떻게 펼쳐질 것인가?

❷ 내가 컨트롤 할 수 있는 일들에는 어떤 것이 있는가?

❸ 나는 현재 어떤 미래를 만들어가고 있는가?

❹ 원하는 미래를 만들기 위해 어떤 메시지를 잠재의식에 보내고 있는가?

❺ 심리적 햇살을 받은 후 내면이 어떻게 달라졌는가?

❻ 내가 생각하는 확신과 충만함이란 무엇인가?

❼ 멘탈 트레이닝 수행 후에 어떠한 멘탈의 변화가 생겼는가?

❽ 자아를 규정한 대로 목표와 행동을 일치시키기 위해서 무엇을 하고 있는가?

오늘의 멘탈 컨디션

100점 만점 기준으로 좋으면 100점에 가깝게, 좋지 않으면 0점에 가깝게 기입한다.

1 자동 목적 달성 장치 활용 지수 _____ 점	6 감정 상태 _____ 점
2 삶의 목표에 대한 집중 지수 _____ 점	7 수면 상태 _____ 점
	8 내면의 아우라 지수 _____ 점
3 목표와 행동의 일치 지수 _____ 점	9 자아 신뢰 지수 _____ 점
4 자아 컨트롤 지수 _____ 점	10 심리적 햇살의 강도 밝기 _____ 점
5 미래 확신 지수 _____ 점	합 계 _____ 점
	평균 멘탈 지수 _____ 점

꿈을 꾸었는가? 꾸었다면 어떤 내용이었는가?

오늘 떠오르는 느낌이나 생각은 무엇인가?

4단계 멘탈 트레이닝 [97 일]

❶ 나의 미래는 어떻게 펼쳐질 것인가?

❷ 내가 컨트롤 할 수 있는 일들에는 어떤 것이 있는가?

❸ 나는 현재 어떤 미래를 만들어가고 있는가?

❹ 원하는 미래를 만들기 위해 어떤 메시지를 잠재의식에 보내고 있는가?

❺ 심리적 햇살을 받은 후 내면이 어떻게 달라졌는가?

❻ 내가 생각하는 확신과 충만함이란 무엇인가?

❼ 멘탈 트레이닝 수행 후에 어떠한 멘탈의 변화가 생겼는가?

❽ 자아를 규정한 대로 목표와 행동을 일치시키기 위해서 무엇을 하고 있는가?

오늘의 멘탈 컨디션

100점 만점 기준으로 좋으면 100점에 가깝게, 좋지 않으면 0점에 가깝게 기입한다.

1 자동 목적 달성 장치 활용 지수

점

2 삶의 목표에 대한 집중 지수

점

3 목표와 행동의 일치 지수　　점

4 자아 컨트롤 지수　　점

5 미래 확신 지수　　점

6 감정 상태　　점

7 수면 상태　　점

8 내면의 아우라 지수　　점

9 자아 신뢰 지수　　점

10 심리적 햇살의 강도 밝기　　점

합 계　　점

평균 멘탈 지수　　점

꿈을 꾸었는가? 꾸었다면 어떤 내용이었는가?

오늘 떠오르는 느낌이나 생각은 무엇인가?

4 단계 멘탈 트레이닝 [98 일]

❶ 나의 미래는 어떻게 펼쳐질 것인가?

❷ 내가 컨트롤 할 수 있는 일들에는 어떤 것이 있는가?

❸ 나는 현재 어떤 미래를 만들어가고 있는가?

❹ 원하는 미래를 만들기 위해 어떤 메시지를 잠재의식에 보내고 있는가?

❺ 심리적 햇살을 받은 후 내면이 어떻게 달라졌는가?

❻ 내가 생각하는 확신과 충만함이란 무엇인가?

❼ 멘탈 트레이닝 수행 후에 어떠한 멘탈의 변화가 생겼는가?

❽ 자아를 규정한 대로 목표와 행동을 일치시키기 위해서 무엇을 하고 있는가?

오늘의 멘탈 컨디션

100점 만점 기준으로 좋으면 100점에 가깝게, 좋지 않으면 0점에 가깝게 기입한다.

1 자동 목적 달성 장치 활용 지수

점

2 삶의 목표에 대한 집중 지수

점

3 목표와 행동의 일치 지수 점

4 자아 컨트롤 지수 점

5 미래 확신 지수 점

6 감정 상태 점

7 수면 상태 점

8 내면의 아우라 지수 점

9 자아 신뢰 지수 점

10 심리적 햇살의 강도 밝기 점

합 계 점

평균 멘탈 지수 점

꿈을 꾸었는가? 꾸었다면 어떤 내용이었는가?

오늘 떠오르는 느낌이나 생각은 무엇인가?

4단계 멘탈 트레이닝 [99 일]

❶ 나의 미래는 어떻게 펼쳐질 것인가? ~~~~~~~~~~~~~~~~~~

❷ 내가 컨트롤 할 수 있는 일들에는 어떤 것이 있는가? ~~~~~~~~~

❸ 나는 현재 어떤 미래를 만들어가고 있는가? ~~~~~~~~~~~~~

❹ 원하는 미래를 만들기 위해 어떤 메시지를 잠재의식에 보내고 있는가?

~~~~~~

❺ 심리적 햇살을 받은 후 내면이 어떻게 달라졌는가? ~~~~~~~~~

❻ 내가 생각하는 확신과 충만함이란 무엇인가? ~~~~~~~~~~~~

❼ 멘탈 트레이닝 수행 후에 어떠한 멘탈의 변화가 생겼는가? ~~~~~

❽ 자아를 규정한 대로 목표와 행동을 일치시키기 위해서 무엇을 하고 있는가?

~~~~~~

오늘의 멘탈 컨디션

100점 만점 기준으로 좋으면 100점에 가깝게, 좋지 않으면 0점에 가깝게 기입한다.

1 자동 목적 달성 장치 활용 지수

　　　　　　　　　　　　　　점

2 삶의 목표에 대한 집중 지수

　　　　　　　　　　　　　　점

3 목표와 행동의 일치 지수　　　　점

4 자아 컨트롤 지수　　　　　　　점

5 미래 확신 지수　　　　　　　　점

6 감정 상태　　　　　　　　　　점

7 수면 상태　　　　　　　　　　점

8 내면의 아우라 지수　　　　　　점

9 자아 신뢰 지수　　　　　　　　점

10 심리적 햇살의 강도 밝기　　　점

합 계　　　　　　　　　　　　점

평균 멘탈 지수　　　　　　　　점

꿈을 꾸었는가? 꾸었다면 어떤 내용이었는가? ~~~~~~~~~~~~

오늘 떠오르는 느낌이나 생각은 무엇인가? ~~~~~~~~~~~~~~~

4단계 멘탈 트레이닝 [100 일]

❶ 나의 미래는 어떻게 펼쳐질 것인가?

❷ 내가 컨트롤 할 수 있는 일들에는 어떤 것이 있는가?

❸ 나는 현재 어떤 미래를 만들어가고 있는가?

❹ 원하는 미래를 만들기 위해 어떤 메시지를 잠재의식에 보내고 있는가?

❺ 심리적 햇살을 받은 후 내면이 어떻게 달라졌는가?

❻ 내가 생각하는 확신과 충만함이란 무엇인가?

❼ 멘탈 트레이닝 수행 후에 어떠한 멘탈의 변화가 생겼는가?

❽ 자아를 규정한 대로 목표와 행동을 일치시키기 위해서 무엇을 하고 있는가?

오늘의 멘탈 컨디션

100점 만점 기준으로 좋으면 100점에 가깝게, 좋지 않으면 0점에 가깝게 기입한다.

1 자동 목적 달성 장치 활용 지수

점

2 삶의 목표에 대한 집중 지수

점

3 목표와 행동의 일치 지수　　　점

4 자아 컨트롤 지수　　　점

5 미래 확신 지수　　　점

6 감정 상태　　　점

7 수면 상태　　　점

8 내면의 아우라 지수　　　점

9 자아 신뢰 지수　　　점

10 심리적 햇살의 강도 밝기　　　점

합 계　　　점

평균 멘탈 지수　　　점

꿈을 꾸었는가? 꾸었다면 어떤 내용이었는가?

오늘 떠오르는 느낌이나 생각은 무엇인가?

글을 마치며

이 책을 쓴 동기는 자신의 능력과 재능을 모른 채 자신이 아닌 것에 의해 짓밟히는 현실을 더 이상 두고 보기가 힘들어서다. 꽃 같이 아름다운 사람들이 자신의 아름다움을 알아차리지 못한 채 시들어 가는 것을 보고만 있을 수 없었다.

멘탈 트레이닝은 없는 것을 새로 만들어내는 것이 아니다. 진정한 자아의 가치를 찾아내는 것, 그것이 바로 멘탈 트레이닝의 본질이다. 사람들은 모두 사회나 타인이 정해준 한계나 레벨보다 더 위대한 정신적인 힘이 있다는 사실을 스스로 인정하고 깨달아야 한다. 얼마나 많은 아이들이 자신들의 순수한 꿈을 어른들로부터 불가능한 것으로 규정당해 상처받고 실망했는가. 이는 아이들에게만 국한된 현실은 아닐 것이다.

멘탈의 힘을 이용해 재능의 날개를 펼쳐라. 하지만 재능의 날개를 활짝 펼치기도 전에 그 가능성을 차단하려는 세력과의 치열한 정신적인 전투가 있을 것이다. 그 전투에서 꼭 살아남아야 한다. 살아남기 위해서 멘탈의 힘을 키우는 것이 필요하다. 자신을 약한 사람으로 만들고, 아무것도 아닌 사람으로 살아가게 하는 모든 것들과 맞써 싸울 대범함이 필요하다. 인간은 잡초로 살아가게 태어나지 않았다. 자신을 잡초로 규정하는 세상의 모든 것들에 항거하라. 우리는 스스로 잡초가 아님을 증명해야 한다. 멘탈의 눈을 떠 아무도 보지 못하는 자신의 가치를 발견하라.

우리 안의 가능성이라는 씨앗을 틔워라. 이 씨앗을 틔우는데 아무리 거친 비바람과 세상의 비웃음이 있을지라도 성장을 해야 한다. 강한 멘탈은 아무리 작은 씨앗이라도 그것이 세상에 당당히 성장할 수 있도록 도울 것이다. 자신을 싼 값에 팔지 말자. 아무리 힘든 상황이어도 절대 자신의 가치를 낮추면 안 된다. 그럴 때 일수록 정신을 바짝 차리고 스스로의 영혼을 굳건하게 지켜라.

자신의 가치와 가능성을 인정하지 않고 사는 삶이 수두룩하다. 그런 사람들에게 자신을 돌아볼 수 있도록, 내면을 살필 수 있도록, 자신이 원하는 미래를 성취할 수 있도록, 끝까지 이기적이고 영악하게 살 수 있도록, 그리하여 참 자아를 찾고 인생을 거듭나기를 바란다. 우리의 꿈은 곧 미래가 된다.

참고 문헌

- 꿈의 해석 / 지그문트 프로이트 / 돋을새김
- 정신 분석 입문 / 지그문트 프로이트 / 돋을새김
- 정신 분석학의 근본 개념 / 지그문트 프로이트 / 열린책들
- 일상생활의 정신병리학 / 지그문트 프로이트 / 돋을새김
- 정신분석이란 무엇인가 / 칼 구스타브 융 / 부글북스
- 카를 융 기억 꿈 사상 / 칼 구스타브 융 / 김영사
- 원형과 무의식 / 칼 구스타브 융 / 솔
- 누가 내 지갑을 조종하는가 / 마틴 린드스트롬 / 웅진지식하우스
- 왜 부자들은 모두 신문배달을 했을까 / 제프리 J 폭스 / 흐름출판
- 석봉 토스트 연봉 1억 신화 / 김석봉 / 넥서스
- 모스버거 이야기 / 기노시타 시게요시 / 미디어윌
- 무의식의 분석 / 칼 구스타브 융 / 홍신문화사
- 루시드 드림 / 스티븐 라버지 / 북센스
- 멘델레예프의 꿈 / 폴 스트레턴 / 몸과마음
- 피터 드러커 자서전 / 피터 드러커 / 한국경제신문
- 잡스처럼 일한다는 것 / 린더 카니 / 북섬
- 엘론 머스크, 대담한 도전 / 다케우치 가즈마사 / 비즈니스북스
- 온워드 / 하워드 슐츠, 조앤 고든 / 8.0
- 스티브 잡스 / 월터 아이작슨 / 민음사
- 독서로 세상을 다 가져라 / 김시현 / 서래Books
- 손정의 / 이노우에 아쓰오 / 김영사
- 최고가 되려면 최고를 만나라 / 최상태 / 쌤앤파커스
- 20대 변화해야 할 사고방식 50가지 / 김시현 / 함께북스

멘탈 트레이닝

세상 모든 지식과 경험은 책이 될 수 있습니다.
책은 가장 좋은 기록 매체이자 정보의 가치를 높이는 효과적인 도구입니다.

갈라북스는 다양한 생각과 정보가 담긴 여러분의 소중한 원고와 아이디어를 기다립니다.

– 출간 분야: 경제 · 경영/ 인문 · 사회 / 자기계발
– 원고 접수: galabooks@naver.com